Duden

150 Diktate
5. bis 8. Klasse

Regeln und Texte zum Üben

5., aktualisierte Auflage

Mit Illustrationen
von Elena La Rovere

Dudenverlag
Berlin

Die Duden-Sprachberatung beantwortet ihre Fragen
zu Rechtschreibung, Zeichensetzung, Grammatik u. Ä.
montags bis freitags zwischen 09:00 und 17:00 Uhr.
Aus Deutschland: **09001 870098** (1,99 € pro Minute aus dem Festnetz)
Aus Österreich: **0900 844144** (1,80 € pro Minute aus dem Festnetz)
Aus der Schweiz: **0900 383360** (3,13 CHF pro Minute aus dem Festnetz)
Die Tarife für Anrufe aus den Mobilfunknetzen können davon abweichen.
Den kostenlosen Newsletter der Duden-Sprachberatung können Sie
unter www.duden.de/newsletter abonnieren.

Bibliografische Informationen der Deutschen Nationalbibliothek
Die Deutsche Nationalbibliothek verzeichnet diese Publikation in der
Deutschen Nationalbibliografie; detaillierte bibliografische
Daten sind im Internet über http://dnb.d-nb.de abrufbar.

D C B A
Bibliographisches Institut GmbH, Mecklenburgische Straße 53, 14197 Berlin

Redaktionelle Leitung David Harvie
Redaktion Dr. Anja Steinhauer

Herstellung Maike Häßler
Layout Horst Bachmann
Illustration Elena La Rovere
Umschlaggestaltung Büroecco, Augsburg
Umschlagabbildung iStock, m-imagephotograph

Satz Elstersatz, Stefan Hergenröder, Wildflecken
Druck und Bindung Heenemann GmbH & Co. KG
Bessemerstraße 83–91, 12103 Berlin
Printed in Germany

ISBN 978-3-411-72315-7
Auch als E-Book erhältlich unter: ISBN 978-3-411-91211-7
www.duden.de

Inhalt

Vorwort 9

1 Groß- und Kleinschreibung

1.1 Grundsätzliches

Substantive:
5 Der Frühling beginnt 10

Substantivendungen:
5 Die Familie des Grafen Dagobert 11

Schreibung nach Doppelpunkt:
6 Der Eintopf 12

Eigennamen und feste Begriffe:
6 Lieber Vati 13
7 Kurznachrichten 14

Herkunftsbezeichnungen:
7 Reisebüroschlager 15

Farb- und Sprachbezeichnungen:
7 Unser Klassenlehrer 16

Titel und Namen:
8 Harmonisches Familienleben 17

Von Personennamen abgeleitete Adjektive:
8 Mein großer Bruder 18

Nominale Aneinanderreihungen:
8 Urlaubsgrüße 19

1.2 Substantivierungen

Als Substantive gebrauchte Verben:
5 Eine seltsame Nacht 20

Als Substantive gebrauchte Adjektive:
5 Viel Neues 21

Partizipien und Zusammensetzungen:
6 Zirkus 22

Adjektive in verschiedenen Verbindungen:
6 Nachtwache 23

Paarformen:
7 Fußballspielen 24

Substantivierte Adjektive und Partizipien:
8 Gefährlicher Ausflug 25

1.3 Zeitangaben und Zahlwörter

Tageszeiten mit Substantiven:
6 Ermittlungen 26

Wochentage:
6 Jojo 27

Zeitangaben als Adverbien:
7 Die geheimnisvolle Insel 28

Grundzahlen und Ordnungszahlen:
7 Ein Arztbesuch 29

Unbestimmte Zahladjektive und Indefinitpronomen:
7 Vergebliche Mühe 30

Zahlen, Zahladjektive und Indefinitpronomen:
8 Open Air 31

1.4 Anredepronomen

Die Höflichkeitsanrede:
5 Liebe Eltern der Klasse 5 c! 32
5 Sehr geehrte Frau Moser 33
6 Sehr verehrte Erwachsene, liebe Eltern 34

Empfohlen für: 5 = 5. Klasse 6 = 6. Klasse 7 = 7. Klasse 8 = 8. Klasse

Die vertrauliche Anrede:
7 Liebe Laura 35

2 Getrennt- und Zusammenschreibung

2.1 Verbindungen mit einem Verb

Substantiv und Verb:
7 Redekunst 36

Untrennbare Zusammensetzungen mit einem Verb:
7 Die Konferenz der Tiere (von Erich Kästner) 37

Trennbare Zusammensetzungen mit einem Verb:
7 Die Massai 38

Verb im Infinitiv und Verb:
7 Die Schule 39

Partizip und Verb:
7 Kino im Kopf 40

Adjektiv und Verb:
7 Naomi und Alan 41

Verbindungen mit dem Verb *sein:*
8 Faust 42

Unfeste und untrennbare Zusammensetzungen mit einem Verb:
8 Erich Kästner 43

2.2 Verbindungen mit Adjektiven oder Partizipien

Substantiv und Partizip:
7 Die geheimnisumwitterte Burgruine 44

Adjektiv und Adjektiv oder Partizip:
7 Unsere Omas 45

2.3 Verbindungen aus Substantiv und Präposition

Präposition und verblasstes Substantiv:
7 Die Macht der Flammen 46
8 Parole Emil 47

3 Dehnung und Schärfung

3.1 Dehnung

Doppelvokale:
5 Urlaub 48

Dehnungs-h:
5 Auf der Jagd 49

Dehnungs-e nach i:
5 Hölle oder Paradies? 50
6 Ein unnachgiebiger Held 51

Dehnung ohne Kennzeichnung:
6 Endlich am Meer 52
6 Die uralte Welt 53

Dehnung mit und ohne Kennzeichnung:
6 Fußball in Deutschland 54
7 Die Formel 1 55

3.2 Schärfung

Konsonantenverdopplung:
5 Ein Nachmittag zum Faulenzen 56

Konsonantenhäufung:
5 Der Yeti 57

Drei gleiche Konsonanten:
5 Der geheimnisvolle Eisberg 58

ck statt kk und tz statt zz:
5 Mehr Dreck 59

Konsonantenhäufung und Konsonantenverdopplung:
6 Ein aufregender Tag 60
6 Küchenunglück 61

Empfohlen für: 5 = 5. Klasse 6 = 6. Klasse 7 = 7. Klasse 8 = 8. Klasse

Alle Phänomene der Schärfung auf einen Blick:
6 Überfall in der Strumpffabrik 62
7 Wilde Musik 63

4 Gleich und ähnlich klingende Laute und Silben

4.1 Vokale

e und ä:
5 Wettkrähen 64

eu und äu:
6 Die schlaue Bäuerin 65

e und ä, eu und äu auf einen Blick:
7 Die Tugend der Verschwendung 66

ei und ai:
7 Meike fliegt nach Thailand 67

4.2 Konsonanten

b und p:
5 Aus dem Lokalteil 68

d und t:
5 Ist Fernsehen schlecht für Kinder? 69

g und k:
6 Ein ängstlicher Riese 70

f, ph und v:
6 Versunkene Legende 71

x-Laut:
6 Die Geschichte vom frechen Dachs 72

Gleich und ähnlich klingende Konsonanten:
7 Der lange Weg zum Erfolg 73

4.3 Silben und Wörter

-ig und -lich:
6 Pinocchios Abenteuer 74

Tod und tot:
7 Die vielen Gesichter des Todes 75

Stadt und statt:
7 Ein Leben im Glashaus 76

ent- und end-:
7 Entdeckungsreisen 77

wieder und wider:
7 Das königliche Spiel 78

seid und seit:
8 Popband 79

5 Der s-Laut

5.1 s, ss oder ß?

Schreibung mit s:
5 Leonie träumt 80
5 Reisefieber 81

Schreibung mit ß:
5 Leonie bummelt durch die Straßen 82
5 Fußball 83

Schreibung mit ss:
6 Wenn Kinder das Sagen hätten … 84

Schreibung mit s, ss oder ß:
6 Mein Sessel 85
6 Die vier Landstreicher – ein Kartentrick 86
6 Schultheater 87

Schreibung mit ss oder ß:
7 Herakles 88
8 Rassismus hält sich hartnäckig 89

5.2 das oder dass?

das:
5 Was ist ein Unugunu? 90

Empfohlen für: 5 = 5. Klasse 6 = 6. Klasse 7 = 7. Klasse 8 = 8. Klasse

dass:
5 Das Spiel 91

das und dass:
5 Murmel, das Murmeltier 92
6 Das Mädchen, das bei den Wölfen lebte 93

dass:
6 Geschnappt 94

das und dass:
6 Das Computerzeitalter 95
7 Das Leben – ein Traum? 96

das, dass, ß und ss:
7 Abenteuergeschichten 97

das und dass:
8 „Der Fliegende Holländer" 98
8 Was für ein Piratenleben! 99

6 Fremdwörter

6.1 Einzelphänomene

Langes i:
6 Krokodile sind an der Leine zu führen! 100
7 Alarm im Delfinarium 101

Typische Endungen:
7 Redaktionskonferenz 102
7 Extraausgabe 103

k statt ck:
7 Lehrer! 104

Langes i, typische Endungen, k statt ck:
7 Tolle Tage in Schwerin 105

6.2 Fremdwörter aus verschiedenen Sprachen

Fremdwörter aus dem Englischen:
6 Chillen und mehr 106

Fremdwörter aus dem Französischen:
7 Ein Tag in Paris 107
7 Feine Küche 108

Fremdwörter aus dem Lateinischen:
7 Die Olympischen Spiele 109

Fremdwörter aus dem Griechischen:
7 Immer diese Reformen! 110

Fremdwörter aus aller Welt:
7 Multikulti 111
8 Moderne Zeiten! 112
8 Der Krieg der Welten 113

7 Worttrennung am Zeilenende

7.1 Einheimische Wörter

Trennung nach Wortteilen und Sprechsilben:
5 Fußballspiel 114

Trennung von ck, st und tz:
6 Tier oder Gott 115

Trennung von st:
7 Lehrer vergessen 116

7.2 Fremdwörter

Trennung von Fremdwörtern:
8 Silvester in der Oper 117

8 Zeichensetzung

8.1 Satzschlusszeichen

Punkt:
5 Schauspieler gesucht 118

Fragezeichen:
5 Pläne 119

Ausrufezeichen:
5 Großer Sportball 120

Satzschlusszeichen auf einen Blick:
5 Ein super Ferienlager 121

Empfohlen für: 5 = 5. Klasse 6 = 6. Klasse 7 = 7. Klasse 8 = 8. Klasse

8.2 Komma bei Aufzählungen

Glieder einer Aufzählung:
5 Nachtisch: Haselnusspudding 122

Besonderheiten beim Komma bei Aufzählung:
5 Urlaub 123
6 Diebe 124
8 Unsere neue Mediothek 125

8.3 Komma bei Konjunktionalsätzen

Nachgestellter Konjunktional--satz:
6 Hunde 126

Vorangestellter Konjunktionalsatz:
6 Meine erste eigene Bergtour .. 127

Eingeschobener Konjunktionalsatz:
6 Marvin allein zu Haus 128

Konjunktionalsätze – vorangestellt, nachgestellt, eingeschoben:
7 Die Mission 129
8 Luther 130
8 Ein spannendes Abenteuer 131

8.4 Komma bei Relativsätzen

Nachgestellter Relativsatz:
6 Die Burg 132
6 Die schönste Jahreszeit: der Winter 133

Eingeschobener Relativsatz:
6 Wir entscheiden über eine Klassenfahrt 134
6 Das Schulfest 135

Relativsätze – nachgestellt und eingeschoben:
7 Dr Zoch kütt 136
8 Die erste Probe 137

8.5 Komma bei indirekter Rede

Indirekte Rede – vorangestellter Begleitsatz:
7 Ein weiblicher Fußballfan 138

Indirekte Rede – nachgestellter Begleitsatz:
7 Ein neuer Schulhof 139

Indirekte Rede – eingeschobener Begleitsatz:
7 Ziele des Jugendparlaments ... 140

Indirekter Fragesatz – eingeleitet durch ein Fragewort:
7 Der mittellose Dieb 141

Indirekter Fragesatz – eingeleitet durch *ob*:
7 Sorgen eines Entdeckers 142

Indirekter Fragesatz – eingeleitet durch ein Fragewort oder durch *ob*:
8 Landwirtschaft mal anders 143

8.6 Sonstige Kommaregeln

Infinitivgruppen, Teil 1:
6 Schulen ans Netz 144
7 Gewonnen? 145

Infinitivgruppen, Teil 2:
7 Fabians Mutter 146
8 Projektarbeit 147

Apposition:
8 Im Aquadrom 148

Kommasetzung gemischt:
8 Vulkane 149

8.7 Zeichensetzung bei wörtlicher Rede

Aussagesatz mit vorangestelltem Begleitsatz:
5 Erdbeben 150

Empfohlen für: 5 = 5. Klasse 6 = 6. Klasse 7 = 7. Klasse 8 = 8. Klasse

Aussagesatz mit nachgestelltem Begleitsatz:
5 Kamel und Ameise 151

Frage- und Aufforderungssatz mit vorangestelltem Begleitsatz:
5 Anna und Paulina 152

Frage- und Aufforderungssatz mit nachgestelltem Begleitsatz:
5 Der Austausch 153

Wörtliche Rede: Zusammenfassung:
7 Im Freizeitpark 154

Anführungszeichen bei Zitaten:
8 Das Interview 155

8.8 Zeichensetzung gemischt

Die verschiedenen Satzzeichen:
5 Ein großartiges Wiedersehen 156
6 Nie hast du Zeit für mich 157
6 Renovieren 158
7 Ein guter Deal 159
8 Die Radtour 160
8 Das Lamm und der Wolf 161

Clevere Diktatetipps

1 Diktate zu Hause üben – aber wie? 162

2 Ideale Lernbedingungen schaffen: Was du tun kannst 163

3 Das Diktat in der Schule 164
3.1 Vor dem Diktat 164
3.2 Während des Diktats 165
3.3 Nach dem Diktat ist vor dem Diktat 167

4 Aufgepasst und zugehört! ... 167
4.1 Wirklich *alles* mitgehört? 167
4.2 Gut zuhören – weniger Fehler machen 168
4.3 Achtung: schwierige Merkwörter! 170

5 Prüfmethoden und Rechtschreibstrategien 170
5.1 Prüfmethoden 170
5.2 Zehn Strategien für eine bessere Rechtschreibung 171

6 So bekommst du Fehler in den Griff 173
6.1 Die Fehleranalyse danach 173
6.2 Clevere Lernmethoden zur richtigen Rechtschreibung ... 173

7 Nachschlagen in einem Wörterbuch 175
7.1 Wo schlage ich was nach? ... 175
7.2 Richtig arbeiten mit dem Wörterbuch 176

INHALT

Empfohlen für: 5 = 5. Klasse 6 = 6. Klasse 7 = 7. Klasse 8 = 8. Klasse

Liebe Schülerin, lieber Schüler!

Mit diesem Buch kannst du gezielt Diktate üben, um mehr Sicherheit in der deutschen Rechtschreibung zu bekommen. Du wirst dich wundern, wie schnell sich die Übungen als Erfolge in der Schule bemerkbar machen. So kannst du deine Noten sowohl in Diktaten als auch in Aufsätzen verbessern.

Wenn du bereits weißt, auf welchem Gebiet der Rechtschreibung und Zeichensetzung du viele Fehler machst, findest du im Inhaltsverzeichnis das für dich passende Kapitel. Wenn du jedoch erst herausfinden willst, welche Art von Fehlern du besonders häufig machst, sieh dir zunächst das letzte Kapitel „Clevere Diktatetipps“ (↑S. 162) an. Du kannst dir aber auch die Diktate deiner Klassenstufe vornehmen; sie sind allerdings nur eine grobe Orientierung, da nicht jeder Lehrer gleich unterrichtet. Du findest die Angabe der Klassenstufe auf der Randspalte jeder Seite.

Fast allen Diktaten ist ein Merkkasten vorangestellt, in dem du kurze Regeln und Merksätze findest. Innerhalb der Diktate sind die Wörter oder Phänomene, um die es in der Regel geht, hervorgehoben. Die im Diktat verwendete Schreibform ist die von Duden empfohlene Schreibvariante. Gibt es mehrere zulässige Schreibvarianten, sind sie am Ende des Diktats angegeben.

Die senkrechten Trennstriche zeigen die Länge der Textabschnitte an, in denen das Diktat vorgelesen werden sollte oder in die du das Diktat beim Eigen-, Lauf- oder Partnerdiktat (↑S. 162) unterteilen solltest. Die Länge der Sprechabschnitte orientiert sich ebenso wie die Länge der Diktate an der Klassenstufe.

1

Groß- und Kleinschreibung

1.1 Grundsätzliches

Substantive

Substantive (Nomen, Hauptwörter) und Eigennamen schreibt man groß. Substantive stehen häufig mit einem Artikel. Es gibt bestimmte Artikel *(der Garten, die Schule, das Haus)* und unbestimmte Artikel *(ein Garten, eine Schule, ein Haus).* Substantive können auch Adjektive, Pronomen und Zahlwörter vor sich haben oder einen Artikel, der mit einer Präposition verschmolzen ist *(am = an dem, beim = bei dem).*

Der Frühling beginnt |

„Was für ein schöner Tag heute!“, | seufzt Antonia | und räkelt sich auf ihrem Gartenstuhl. | Es ist ein sonniger Tag im März. | Nach dem langen und kalten Winter | tun die wärmenden Sonnenstrahlen einfach gut. | Antonia streckt ihr Gesicht der Sonne entgegen. | Dann sieht sie sich im Garten um. | Überall sieht es noch nach Winter aus: | Reste des Vogelfutters liegen auf dem Gras | und auf der Terrasse, | manche Blümchen sind noch ganz eingeknickt, | und auch die Bäume sind noch nicht so richtig grün. |
Doch der Frühling ist schon zu erkennen: | Die ersten Frühblüher sprießen in die Höhe. | Narzissen, Tulpen und Krokusse | haben sie in ihrem Garten. | Welch schöne Farben!

110 Wörter

5. KLASSE

Substantivendungen

Einige Substantive kann man an ihren Endungen erkennen.
Wörter auf **-ung, -nis, -heit, -keit, -tum** und **-schaft** sind Substantive und werden großgeschrieben.

Die Familie des Grafen Dagobert |

Die Tapferkeit Dagoberts | ist überall bekannt. | Onkel Hubert war einst | in Gefangenschaft geraten, | doch dank Dagoberts Kühnheit | konnte er befreit werden. | Die Schönheit seiner Tochter Hulda | ist berühmt. | Aus purer Bosheit | verbot Großvater Georg ihr jedoch das Tanzen. | Damals waren die Menschen | nämlich Eigentum des Grafen. | Zur Beratung kommt oft | Vetter Heribert ins Schloss. | Auch der Auftritt Tante Hildegards | ist immer ein Erlebnis, | weil sie ihren ganzen Reichtum an Schmuck | zur Schau stellt. | Graf Kunibert sieht vor Eitelkeit in jeden Spiegel. | Das Verhältnis zwischen Kunibert und Dagobert | ist so schlecht, | dass man in der ganzen Grafschaft | darüber redet.

103 Wörter

Schreibung nach Doppelpunkt

Folgt nach dem Doppelpunkt ein vollständiger Satz, wird das erste Wort großgeschrieben. *(Folgendes ist wichtig: Die Fenster müssen geschlossen bleiben.)* Folgt kein selbstständiger Satz, sondern z. B. eine Aufzählung, schreibt man das erste Wort klein. *(Zum Ausflug sind mitzubringen: ein Rucksack, Papier und Bleistift.)*
Das erste Wort einer direkten Rede nach dem Doppelpunkt wird großgeschrieben. *(Lisa fragte: „Kannst du mir bitte helfen?")*

Der Eintopf |

Jana fragt auf der Heimfahrt im Auto: | „Gibt es wirklich am Sonntag Eintopf?" | Die Mutter erklärt: | „Ja, weil ich am Wochenende | nur wenig Zeit habe." | Sofort reden alle im Auto | wild durcheinander: | Die Oma jubelt, | denn sie mag Eintopf sehr. | Der Vater schimpft. | Er sagt: | „Ich mag überhaupt keinen Eintopf. | Vielleicht sollte ich am Sonntag kochen." |

Damit sind alle einverstanden: | der kleine Bruder Lukas, | die Mutter und Jana. | Lukas fragt: | „Was gibt es denn dann am Sonntag?" | Die Auswahl ist groß, | denn der Vater kann gut kochen: | Besonders seine Spaghetti* mit Tomatensoße | schmecken sehr lecker. | Aber auch die Pizza | ist nicht zu verachten: | mit Schinken, Salami, Pilzen und Tomaten. |

Der Vater fragt: | „Und wer räumt am Sonntag die Küche auf?" | Alle sind ganz still: | Das Mädchen vertieft sich in sein Buch. | Die Mutter schaut aus dem Fenster. | Lukas redet ganz leise mit der Oma. | Er flüstert: | „Wenn der Vater kocht, | dann muss er doch auch die Küche aufräumen." | Die Oma ist aber anderer Meinung. | Sie sagt: | „Die Kinder und ich | werden die Küche aufräumen."

176 Wörter *auch:* Spagetti

Eigennamen und feste Begriffe

In mehrteiligen Eigennamen (z. B. geografischen Namen, historischen Ereignissen, Sternbildern u. a.) und vielen festen Begriffen wird auch das dazugehörige Adjektiv großgeschrieben *(das Tote Meer, der Heilige Abend, der Zweite Weltkrieg, der Große Wagen, das Deutsche Rote Kreuz).*

Lieber Papa, |

wie versprochen schaue ich jeden Abend | in den Sternenhimmel, | sehe den Kleinen Bären | und sende Dir* Grüße | über den Atlantischen Ozean. | Du wolltest wissen, | was wir in der Schule gerade durchnehmen. | In Geschichte sprechen wir über Russland. | Wir haben von Katharina der Großen gehört, | dem Roten Platz in Moskau | und von der Transsibirischen Eisenbahn. | Julian hat erzählt, | dass sein Vater mit dieser Bahn | bis nach China gefahren | und auf der Großen Mauer entlangspaziert ist. |

Der ist ja auch bei den Vereinten Nationen! | Aber warum muss Julian | immer damit angeben? | In Religion hat Herr Friedrich | uns aus der Heiligen Schrift, | aus dem Alten Testament, vorgelesen. | Was müssen die für einen Durst gehabt haben, | als sie durch die ägyptische Wüste gewandert sind. | So wie ich bestimmt, | darum mache ich jetzt Schluss, | sonst muss Mama Erste Hilfe | bei einem Verdurstenden leisten. |

Komm bald wieder, |
Dein* Jan

145 Wörter

* *auch:* dir · dein

Eigennamen und feste Begriffe

Die Eigennamen und festen Begriffe (↑ S. 13) sollte man sich einprägen *(der Rote Platz in Moskau,* aber: *das rote Haus; das Alte Testament,* aber: *der alte Mann; Peter der Große,* aber: *der große Baum).*

Kurznachrichten |

Wie aus dem Weißen Haus in Washington verlautete, | haben Weiße und Schwarze mit vereinten Kräften | an der Erklärung gegen die Rassendiskriminierung gearbeitet. | Am Heiligen Abend wird der Papst | zum ersten Mal die heilige Messe | in verschiedenen Sprachen lesen. | Zu den Kundgebungen am Ersten Mai | werden mehrere Tausend* Teilnehmer erwartet. | Wie in London mitgeteilt wurde, | hat das englische Forschungsteam sein Ergebnis | zu den Ursachen des Dreißigjährigen Krieges veröffentlicht. | Die Friedensbemühungen im Nahen Osten dauern an. | Der Deutsche Bundestag sprach sich am Morgen | für eine Unterstützung der Verhandlungen aus. | Am Sitz der Vereinten Nationen hat am Abend | eine dritte Expertenkommission Stellung genommen. | Man erwartet eine Lösung in naher Zukunft. | Wie das Zweite Deutsche Fernsehen berichtet, | wird Seine Königliche Hoheit, | Prinz Philip der Dritte, | morgen in seiner Heimatstadt erwartet. | Die königlichen Wachen stehen am Schloss bereit. | Am Jahrestag der Französischen Revolution | wird der französische Staatspräsident eine Rede halten. | In Essen endete am Abend | der zweite deutsche Ausscheidungswettkampf im Inlineskating. | Die Veranstalter versprachen für die nahe Zukunft | ein internationales Turnier.

167 Wörter

* *auch:* tausend

7. KLASSE

Herkunftsbezeichnungen

Herkunftsbezeichnungen auf **-isch** schreibt man meistens klein.
Herkunftsbezeichnungen auf **-er** schreibt man groß.

Reisebüroschlager |

Bereisen Sie die amerikanische Ostküste. | Lernen Sie den Bostoner Hafen | und das New Yorker Nachtleben kennen. | Seeland, die größte dänische Insel, | ist immer eine Reise wert. | Im Kopenhagener Vergnügungspark, dem Tivoli, | hat die ganze Familie Spaß. | Bestaunen Sie die Vielfalt arabischen Brauchtums | in den verschiedenen Kairoer Museen. | Entdecken Sie die russische Gastfreundschaft | und erleben Sie den Moskauer Frühling. | Machen Sie Bekanntschaft mit dem typisch englischen Humor. | Besuchen Sie die zahlreichen Londoner Theater. | Verleben Sie fröhliche Stunden in den Dubliner Pubs. | Sie werden staunen über die Herzlichkeit irischer Dickköpfe. | Die polnischen Städte sind Zeugen | einer bewegten Vergangenheit. | Streifen Sie durch die Danziger Altstadt | und überzeugen sich selbst. | Nach einem Besuch der Berliner Sehenswürdigkeiten | lädt das brandenburgische Umland zur Erholung ein. | Erkunden Sie mit dem Kanu oder Fahrrad die mecklenburgische Seenlandschaft | und fühlen Sie sich wie ein König im Schweriner Schloss.

140 Wörter

Farb- und Sprachbezeichnungen

Sprachbezeichnungen können Adjektive (Kleinschreibung) oder Substantive (Großschreibung) sein. Als Adjektive kann man sie meist mit **Wie** (*Sie hat deutsch gesprochen.* – Wie?) erfragen, als Substantive mit **Was** (*Auch Spanisch ist eine Weltsprache.* – Wer oder was? *Dieses Buch ist in Dänisch geschrieben.* – In welcher Sprache?), oder sie stehen nach einer Präposition.
Auch Farbadjektive können als Substantive gebraucht werden. Man kann sie im Gegensatz zu den adjektivisch gebrauchten Formen nicht durch **Wie** erfragen. (*Ich habe meine Jeans pink gefärbt.* – Wie? *Das Rot deiner Haare ist schön.* – Was ist schön?)

Unser Klassenlehrer |

Unser Klassenlehrer Herr Walter, | der uns in Englisch unterrichtet, | ist ein lustiger Vogel. | Er fährt ein lila Auto | und trägt mit Vorliebe Jeans in Grün oder Orange | und dazu knallbunte Hemden. | Vielleicht denkt er, | dass wir besser aufpassen, | wenn wir eine Kombination aus Grün, Rot | und einem schreienden Gelb ansehen müssen. | Auch sonst gibt er sich Mühe, | uns zu unterhalten. | Ob er mit seinen Bemühungen | immer ins Schwarze trifft, ist fraglich. | Obwohl wir miteinander hauptsächlich englisch* sprechen sollten, | erzählt Herr Walter manchmal einen Witz auf Sächsisch | oder er singt Liebeslieder in italienischer Sprache, | weil er das Italienische für besonders melodisch hält. | Dann schimmern seine Augen pechschwarz. | Um seinen Ärger über uns loszuwerden, | flucht er in Russisch, | denn keiner von uns versteht ein Wort Russisch. | Nur das Deutsche kommt selten vor. | Haben wir eine schlechte Arbeit geschrieben, | erscheint Herr Walter in Schwarz, | ist er mit uns zufrieden, | bevorzugt er ein freundliches Rot. | So wissen wir gleich, woran wir sind.

160 Wörter

* *auch:* Englisch

Titel und Namen

In Titeln von Büchern, Filmen, Kunstwerken, Zeitungen, Zeitschriften usw. wird das erste Wort großgeschrieben. Der Titel steht in Anführungszeichen. *(Hast du schon „Gregs Tagebuch“ gelesen? Ich war gestern in „Herr der Ringe“.)*

Harmonisches Familienleben |

In unserer Familie einen gemeinsamen Abend zu verbringen, | ist fast unmöglich. | Zwar sind wir nur vier Personen, | aber jeder hat andere Interessen. | Mein Vater zum Beispiel | zieht sich am liebsten mit seiner „Süddeutschen Allgemeinen“ | in die Leseecke zurück und hofft, | dass wir ihn mit unseren Vorstellungen | von Kinobesuch oder Fernsehabend in Ruhe lassen. |

Meine kleine Schwester schaut immer wieder | ihre Lieblingsverfilmungen des „Königs der Löwen“ | und des „Dschungelbuchs“. | Ich bevorzuge Filmreihen | wie „Der Herr der Ringe“ oder „Die Tribute von Panem“. |

Ich verstehe überhaupt nicht, | warum sich meine Mutter darüber aufregt, | setzt sie sich doch am liebsten Kopfhörer auf | und hört klassische Musik wie „Mein Vaterland“ von Smetana | oder „Die vier Jahreszeiten“ von Vivaldi | und liest dabei das „Goldene Blatt“. | Mit Operetten wie der „Verkauften Braut“ oder der „Schönen Helena“ | kann sie mich aus dem Haus treiben, | wenn sie laut gespielt werden, | aber „Die Entführung aus dem Serail“ von Mozart | finde ich gar nicht übel | und den dritten Satz aus den „Vier Jahreszeiten“ | stelle ich sogar freiwillig laut. | Schade, dass dies nicht umgekehrt für meine Musik von Sido | und den Beatsteaks gilt. Nur auf „Gute Zeiten, schlechte Zeiten“ können wir uns alle einigen. | Wenigstens etwas.

197 Wörter

Von Personennamen abgeleitete Adjektive

Von Personennamen abgeleitete Adjektive auf **-(i)sch** werden kleingeschrieben *(die Schriften Martin Luthers – die lutherische Bibelübersetzung, der heilige Gregor – der gregorianische Kalender)*. Zur Verdeutlichung des Namens kann dieser auch großgeschrieben und die Endung **-sch** mit Apostroph angehängt werden *(die Luther'sche Bibelübersetzung)*.

Mein großer Bruder |

Wie ich meinen großen Bruder hasste! | Er hatte gerade Abitur gemacht | und brüstete sich mit Namen, | Gesetzen, Werken und Lehren von Menschen, | von denen ich noch nie etwas gehört hatte. |

Von der Lehre Platons | und den schillerschen* Dramen war die Rede. | Einmal hatte ich ein Theaterstück Schillers zur Hand genommen. | Das war wirklich nichts für mich. | Da las ich lieber die Abenteuer Harry Potters, | des rowlingschen* Helden. | Mein Bruder wollte dagegen Philosophie studieren. |

Karl Marx und Immanuel Kant hatte er gelesen. | Die marxschen* Schriften standen vollständig in seinem Bücherregal. | Am liebsten sprach er über das aristotelische Denken. | Aber all das waren für mich böhmische Dörfer. | Unglaublich aber war, | dass er auch etwas von Mathematik verstand. | Gönnerhaft erklärte er mir manchmal, | was er gerade gesagt hatte. | Das foucaultsche* Pendel, | das etwas mit der Erdrotation zu tun hatte, | fand ich spannend. | Wir hatten eines im Deutschen Museum in München gesehen. | Aber bei der Erläuterung des ohmschen* Gesetzes hörte ich gar nicht zu. | In der Schule hatte ich doch schon | den pythagoreischen Lehrsatz nicht verstanden. |

Also stand fest, dass ich zu unbegabt für Mathe war. | Und einen echt müllerschen* Dickkopf besaß.

191 Wörter

* *auch:* Schiller'schen · Rowling'schen · Marx'schen · Foucault'sche · Ohm'schen · Müller'schen

Nominale Aneinanderreihungen

In nominalen Aneinanderreihungen werden alle Wörter durch Bindestriche miteinander verbunden. Das erste Wort schreibt man groß, auch wenn es kein Substantiv ist, denn die Fügung als Ganzes ist jetzt substantiviert. Substantive und substantivierte Verben (↑ S. 20), die im Innern der Fügung stehen, werden ebenfalls großgeschrieben. *(Das ist ja zum Aus-der-Haut-Fahren! Der Pro-Kopf-Verbrauch an Wasser steigt.)* Abkürzungen sowie zitierte Wortformen und Einzelbuchstaben bleiben meistens unverändert *(der i-Punkt, der dass-Satz, die km-Zahl).*

Urlaubsgrüße |

Lieber Markus, |

unsere Côte-d'Azur-Reise ist ein voller Erfolg. | Es ist viel heißer als bei uns – | das Nord-Süd-Gefälle hinsichtlich der Sonneneinstrahlung ist offensichtlich. | Wegen der UV-Strahlung cremen wir uns alle | mit einem hohen Lichtschutzfaktor ein. | Du fragst dich bestimmt, | was uns mehr interessiert: Kultur oder Natur? | Hier gibt es kein Entweder-oder, | sondern ein Sowohl-als-auch. | Papa, der vor Kurzem* seine Studie zum Schlaf-wach-Rhythmus beendet hat, | genießt das In-den-Tag-hinein-Leben. | Janne dagegen ist Anhängerin des Mountainbike-Fahrens. | Sie nimmt jede Steigung bei größter Hitze. | Ich bin leider nicht so gut im Den-inneren-Schweinehund-Überwinden wie sie. | Du weißt, schon damals beim Räuber-und-Gendarm-Spielen | ging mir vor der Zeit die Puste aus. | Manchmal gehe ich dafür mit Mutter auf Sightseeingtour. | Manchmal macht mir das Bedeutende-Trümmer-Anschauen Spaß. | Der anschließende Halt in einer Crêperie | ist das i-Tüpfelchen eines solchen Tages. |

Viele Grüße
Daniel

133 Wörter

* *auch:* vor kurzem

1.2 Substantivierungen

Als Substantive gebrauchte Verben

Verben (im Infinitiv) können als Substantive gebraucht werden. Dann schreibt man sie groß. Meist steht ein Artikel davor, der mit einer Präposition verschmolzen sein kann *(beim Wandern)*. Substantivierte Verben können auch nach einem Adjektiv stehen.

Eine seltsame Nacht |

In der Nacht | schreckte Max plötzlich auf, | denn er hatte ein Poltern gehört. | Über ihm rumpelte es, | dann hörte er ein Springen und Schlurfen, | als ob jemand auf dem Dachboden | herumkriechen würde. | Max dachte sofort | an einen Einbrecher. | Beim Spielen am Nachmittag | hatte er wohl vergessen, | die Dachluke zu schließen. | Aber hatte ein Mensch | so schnelle Schritte? | Das Trappeln wollte nicht enden. | Max nahm allen Mut zusammen | und schlich die Bodentreppe hinauf. | Das Treppensteigen fiel ihm schwer, | so sehr zitterten seine Knie. | Oben machte er Licht, | konnte aber nichts sehen. | Das Rumpeln und Laufen hatte aufgehört. | Eine Weile stand er still. | Schließlich ging er ins Bett. |

Nach einem Moment wurde Max | wiederum durch lautes Rumoren geweckt. | Dann folgte ein beständiges Trippeln hin und her. | Plötzlich war ein böses Fauchen zu vernehmen | und kurz darauf ein schrilles Fiepen. | Noch ein Knurren hörte Max, | dann war alles still. | Am nächsten Morgen | erzählte er mit einigem Zögern | die seltsame Geschichte. | Sein Vater aber antwortete mit breitem Grinsen: | „Weißt du, was das Laufen und Poltern war? | Ein Marder, den dann die Katze vertrieben hat.“

183 Wörter

Als Substantive gebrauchte Adjektive

Adjektive werden großgeschrieben, wenn sie als Substantiv gebraucht werden. Sie haben häufig einen Artikel vor sich *(Er ist der Schnellste)*. Substantivierte Adjektive können auch eine unbestimmte Mengenangabe vor sich haben *(Es gibt wenig Neues)*.

Viel Neues |

Immer bin ich die **Neue**. | Ständig muss ich von vorne anfangen. | Weil wir so oft umziehen, | habe ich schon zehnmal* die Schule gewechselt. | Jedes Mal passiert dasselbe: | Ich stehe vor einer neuen Schule, | grüße einen neuen Direktor | und stelle mich einer neuen Klasse | mit neuen Schülern vor. |Und das **Schlimmste**: | Sobald ich mich eingelebt habe, | ziehen wir wieder um. | Stets lebe ich im **Ungewissen**. |

Doch, um ehrlich zu sein, | es hat auch einiges **Gutes**: | Ich habe schon viel von Deutschland | und Europa gesehen. | Am besten hat es mir in Rom gefallen. | Diese Stadt hat nichts **Trauriges** an sich, | man findet dort nur **Schönes** | und viel **Interessantes**. | Oder Berlin war auch toll. | Am spannendsten fand ich, | ab und zu einen Popstar auf derStraße zu treffen. | Und Freiburg ist eine der wärmsten Städte Deutschlands, | während Ulm den höchsten Kirchturm der Welt besitzt | und das Kloster Maulbronn | zum Weltkulturerbe zählt. |

Gut, nun ziehen wir also nach Köln um. | Ich bin schon gespannt, | was diese Stadt zu bieten hat.

168 Wörter

auch: zehn Mal

Partizipien und Zusammensetzungen

Substantivierte Verben und Adjektive schreibt man groß (↑ S. 20 f.). Auch Partizipien werden wie Adjektive großgeschrieben, wenn sie einen Artikel oder ein unbestimmtes Zahlwort vor sich haben. *(Ich esse nichts Gebratenes.)* Außerdem werden Fügungen aus Substantiv und Verb, die im Infinitiv getrennt stehen, bei nominalem Gebrauch zusammen- und großgeschrieben. *(Fußball spielen – Jakob hat sich beim Fußballspielen verletzt.)*

Zirkus |

Der Zirkus kam in die Stadt. | Nichts **Eiligeres** gab es dann für uns Kinder, | als schnell aus Schule und Haus zu eilen, | im **Laufen** noch die Schuhe anziehend. | Ich war, wenngleich ein wenig kurzatmig, | stets unter den **Schnellsten**, | denn das fahrende Volk | übte eine ungewohnte Faszination aus. |

Etwas **Schöneres** als dieses Schauspiel | konnte ich mir nicht vorstellen. | Mit **Säbelrasseln** und Trommelwirbel | hielten sie Einzug. | Allen voran schritten in glitzernden Kostümen die Tänzerinnen, | die aus bunten Körben | **Gebackenes** an die **Gaffenden** verteilten. | Dann folgte ein gewaltiger Hüne, | dessen Kunst das **Feuerschlucken** war. | Eine Gruppe **Jüngerer** hoch zu Ross | übte sich im **Dressurreiten**. | Zum **Eindrucksvollsten** aber | zählte die Ankunft der Tiere. |

Mir gefielen die Meerkatzen, | die beim **Springen** so elegant ihren Schwanz hielten. | Doch auch der **Größte**, der Elefant, | zog meine Aufmerksamkeit auf sich. | Wie majestätisch er im **Schreiten** | seinen Rüssel schwingen ließ! | Die **Umstehenden** wichen achtungsvoll zurück.

147 Wörter

Adjektive in verschiedenen Verbindungen

Substantivierte Adjektive in festen Wendungen werden großgeschrieben. Verbindungen mit **am** und Superlativ werden kleingeschrieben. Man kann sie mit **Wie** erfragen. *(Das Auffinden der geheimen Konten ist am schwierigsten.)* Wenn sich ein Adjektiv oder ein Partizip auf ein vorhergehendes oder ein nachfolgendes Substantiv bezieht, schreibt man es wie üblich klein. *(Sammy Superschlau liest gern Krimis, die spannendsten empfiehlt er seinen Kollegen.)*

Nachtwache |

Mitten in der Nacht | schreckte Finn auf seinem Beobachtungsposten | gegenüber der Gartenlaube Maxe Mieslings hoch. | Eigentlich hatte er angenommen, | dass die Beobachtung der Hütte | nicht die klügste seiner Ideen war, | denn wäre Maxe so naiv, | ihm direkt in die Arme zu laufen? | Er hatte den Detektiv | schon mehrfach zum Besten gehalten. | Dieser jedoch tat sein Möglichstes, | um an Belastungsmaterial zu gelangen, | das die kriminellen der Geschäfte Maxes beweisen könnte. |

Nun also nestelte Maxe an der Tür | und ließ sich dabei | nicht im Geringsten stören. | Er probierte mehrere Schlüssel aus, | der richtige war aber anscheinend nicht darunter. | Am besten war es sicherlich, | dass Finn sich näher heranschlich. | Maxe war so in seine Schlüsselsuche vertieft, | zumal das Klimpern des Bundes ihn daran hinderte, | auf andere Geräusche zu achten, | dass Finn das Unglaubliche gelang: | Er legte Maxe Handschellen an, | noch bevor der Gangster | das Weite suchen konnte. | Finn selber war darüber am verblüfftesten. | Maxe hatte eine Reihe von Dokumenten bei sich, | die belastendsten sogar in einer Extrahülle. | Im Ganzen gesehen | war es eine durchaus erfolgreiche Nacht.

174 Wörter

Paarformen

Adverbien, Präpositionen, Konjunktionen und **Interjektionen** schreibt man groß, wenn sie als Substantiv gebraucht werden. Sie treten häufig in Paarformen auf. *(Wir diskutierten das Für und Wider dieses Vorschlags. Was für ein Durcheinander! Mit lautem Weh und Ach sammelte sie die Schnipsel auf.)*

Fußballspielen |

Fußballspieler sind Mitglieder eines Teams, | in dem es niemals drunter und drüber gehen darf. | Jeder Einzelne muss sich ohne **Für und Wider** | den Anordnungen des Trainers fügen. | Und zwar gilt das für Jung und Alt. | Zeigen sich beim Laufen Konditionsprobleme, | hilft kein **Weh und Ach**, | alle müssen ein paar Runden extra trainieren. | Auch das Platzwechseln hin und her auf dem Rasen | will geübt sein. | Wenn der Linksaußen Schwierigkeiten beim Köpfen hat | und der Ball zu oft ins Aus geht, | heißt es einschleifen, | sonst zieht die gesamte Mannschaft den Kürzeren. | Jeder leistet sein Möglichstes, | aber nur die Besten werden aufgestellt. | Das gehört zum **Auf und Ab** einer Spielerkarriere. |

Fällt der Schiedsrichter beim Spielen eine ungünstige Entscheidung, | hilft kein **Wenn und Aber**. | Auch wenn während des Diskutierens | die Wogen der Erregung hochgehen, | erweist sich der Spruch des Schiedsrichters | im Nachhinein doch als richtig. | Deswegen ist es das Gegebene, | mit dem Beschimpfen des Unparteiischen vorsichtig zu sein, | denn hat man Beleidigendes erst einmal ausgesprochen, | gibt es kein **Zurück**.

166 Wörter

Substantivierte Adjektive und Partizipien

Manchmal werden scheinbar substantivierte Adjektive und Partizipien (↑ S. 23) kleingeschrieben. Superlative, die mit **aufs** gebildet werden und mit **Wie** erfragt werden können, werden in der Regel großgeschrieben. Als Nebenform ist die Kleinschreibung zulässig. *(Sie war aufs Äußerste/äußerste gespannt.)*
In festen adverbialen Wendungen aus Präposition und Adjektiv ohne Artikel wird das Adjektiv kleingeschrieben. *(Sie reisten von nah und fern an.)* Handelt es sich in einem solchen Fall jedoch um ein dekliniertes Adjektiv, so darfst du es auch großschreiben. *(Ich warte seit Langem/seit langem auf dich.)*

Gefährlicher Ausflug |

Gestern fand unser seit Langem* geplanter Fahrradausflug statt, | dessen Ende unsere Nerven aufs Äußerste* strapazierte. | Wir mussten über eine Brücke, | die jetzt am Nachmittag am dichtesten befahren war. | Die meisten Jungen fuhren voraus | und die schnellsten hatten die höchste Stelle der Brücke bereits erreicht, | als sie plötzlich anhielten. | Jemand hatte einen Platten. | Das Klügste wäre es gewesen, | auf die anderen zu warten, | denn unser Lehrer hatte uns immer wieder von Neuem* | aufs Eindringlichste* vor dem Überqueren der Brücke gewarnt. |

Aber auf der anderen Seite winkte jemand mit einem Ersatzreifen. | So trat der angeblich mutigste der Schüler auf die Fahrbahn. | Er schien sich nicht im Entferntesten der Gefahr bewusst zu sein. | Von fern beobachteten wir das Hupen und Bremsen der Fahrzeuge. | Am quälendsten war unsere Machtlosigkeit, | denn über kurz oder lang musste ein Unglück geschehen. | Das war auch so. | Der Junge wurde von einem Wagen an den Füßen erfasst und verletzt. | Bis auf Weiteres* findet kein Fahrradausflug mehr statt.

160 Wörter

* *auch:* seit langem · aufs äußerste · von neuem · aufs eindringlichste · Bis auf weiteres

1.3 Zeitangaben und Zahlwörter

Tageszeiten mit Substantiven

Tageszeiten können als Substantiv auftreten. Man erkennt sie meist am Artikel oder Pronomen und schreibt sie daher groß. Manchmal fehlen der Artikel oder das Pronomen als Erkennungszeichen, dann steht oft eine Präposition *(***zu** *Mittag essen,* **gegen** *Abend kommen,* **vor** *Mitternacht einschlafen).*
Die Zeitangaben können auch im Genitiv stehen. Sie haben dann ein **-s** angehängt *(eines Tages, des Abends, eines Morgens).* Vorsicht: Dieser Genitiv darf nicht mit den Adverbien auf -s verwechselt werden (↑ S. 28).

Ermittlungen |

Kommissarin Seifert und ihr Kollege Wohlers | erreichten das Dorf gegen Mittag. | Es war sonnig und windstill, | als das Polizeiauto vor der Brücke hielt. | War es überhaupt ein Unfall? |

In der näheren Umgebung | befragten die Polizisten | seit dem frühen Vormittag die Anwohner. | Man hatte die Leiche | bereits gegen Morgen gefunden, | aber niemand hatte eine Erklärung dafür, | wie der Bäckermeister | in den Bach gefallen sein konnte. | Es gab keine Zeichen äußerer Gewaltanwendung. | Alle sagten jedoch übereinstimmend, | dass Bäcker Nolte häufiger des Nachts | einen kleinen Spaziergang machte, | bevor er um vier Uhr in der Frühe | mit dem Backen begann. | Die Spurensuche, die den halben Vormittag | im Gras nach Hinweisen gesucht hatte, | schickte sich bereits an, | zu Mittag zu essen. | Sie hatten seit dem frühen Morgen nichts gegessen. |

Eilig machten sich die Kommissarin | und ihr Kollege an die Arbeit. | Sie wollten noch vor Mitternacht | wieder zurück in der Stadt sein, | damit sie die Geburtstagsfeier eines gemeinsamen Freundes, | die bis zum frühen Morgen dauern sollte, | nicht verpassten.

163 Wörter

Wochentage

Wochentage schreibt man groß. Auch sie erkennt man meist am Begleiter *(der Montag, am Freitag, am Donnerstagabend, jeden Mittwoch).*

Jojo |

Jojo ist ein Inuitjunge, | der, wenn er nicht im Internat ist, | bei seinen Eltern auf einer Walfangstation | in Nordalaska lebt. | Jeden Montagmorgen fahren die Männer | zum Fischfang auf das Meer | und sind meist vor Freitag nicht zurück. |

Für die Frauen ist der Montag der Einkaufstag. | Zusammen fahren sie in die Siedlung, | um das Notwendige zu besorgen, | im Winter mit dem Schneemobil, | im Sommer mit dem Landrover. | Weil es bis Sonntag reichen muss, | gibt es immer sehr viel zu tragen. | Dafür gibt es fast jeden Dienstag frisches Gemüse. |

Wenn jeden Mittwochmorgen das Postflugzeug kommt, | sind wiederum alle auf den Beinen. | Manchmal bringt es Videos, | die Jojo am Abend ansehen darf. | Am Donnerstagnachmittag ist Unterricht in Inuit. |

Meistens kommen die Männer | Freitagmittag vom Fang zurück. | Wenn sie erfolgreich waren, | wird abends ein kleines Fest gefeiert, | zu dem alle eingeladen sind.

139 Wörter

Zeitangaben als Adverbien

Die Zeitangaben **vorgestern, gestern, heute, morgen** und **übermorgen** sind Adverbien und werden kleingeschrieben, ebenso die Zeitangaben, denen ein **-s** angehängt wurde. *(Wer mittags wenig isst, hat abends großen Hunger.)* Tageszeiten, die nach diesen Adverbien stehen, werden großgeschrieben *(heute Mittag, gestern Morgen).*
Ausnahme: Das Adverb **früh** kann nach den Wörtern **vorgestern, gestern, heute, morgen** und **übermorgen** klein- oder großgeschrieben werden *(morgen früh/morgen Früh).*

Die geheimnisvolle Insel |

Seit drei Tagen sind wir nun auf dieser Insel | und endlich sind wir heute Mittag | auf Anzeichen einer menschlichen Besiedlung gestoßen. | Bereits gestern Nacht hörten wir Schritte, | die nur von Menschen kommen konnten, | denn Affen gibt es hier nicht. | Als dann morgens ein Bottich mit Süßwasser | in der Nähe des Lagers gefunden wurde, | hatten wir Gewissheit. |

Zwar hatten wir Samstag den ganzen Tag über | ergebnislos die Umgebung durchstreift, | aber bei unserer Rückkunft | stand wieder ein neuer Wassertrog im Lager. | Die Wache hatte nichts bemerkt. | Warum nur zeigen sie sich nicht? | Haben sie Angst? |

Wie üblich sonntagmorgens | feierten wir auch heute die heilige Messe. | Dann brachen wir mittags erneut auf. | Obwohl der Himmel sich hier | normalerweise nachmittags bewölkt, | war es diesen Sonntag unerträglich heiß und still. | Plötzlich rief Jackson, der Schiffsjunge, | aus der Ferne hektisch zu uns herüber. | Er war auf eine Feuerstelle gestoßen, | die von gestern Abend, | allerfrühestens Freitagabend stammen konnte, | denn es war noch etwas Glut vorhanden. | Was wird uns morgen erwarten?

166 Wörter

7. KLASSE

Grundzahlen und Ordnungszahlen

Grundzahlen werden kleingeschrieben. *(Ich habe zwei Katzen. Ruf mich bitte gegen sieben an.)* Die Grundzahlen werden großgeschrieben, wenn sie als Substantiv gebraucht werden. *(Die Sechs gewinnt. Ich habe eine Zwei in Deutsch.)*
Ordnungszahlen werden kleingeschrieben, wenn sie ein Bezugswort bei sich haben. *(Er war der erste Läufer im Ziel.)* Man schreibt sie groß, wenn sie als Substantiv gebraucht werden. *(Er erreichte das Ziel als Erster.)*

Ein Arztbesuch |

Gestern war Freitag, der Dreizehnte. | Ich hatte am Morgen eine Fünf in Mathe zurückbekommen | und um vier einen Zahnarzttermin. | Ganz prima! | Auf dem Weg zur Praxis | fuhr mir die Neun vor der Nase weg, | und ich musste zwanzig Minuten warten. | Daher bin ich erst zehn nach vier angekommen. |

Das Wartezimmer war schon voll. | In der Spielecke saßen mehrere Kinder, | von denen drei sich ein nervenzehrendes Würfelspiel ausgedacht hatten. | Immer, wenn jemand eine Sechs gewürfelt hatte, | musste er in Achten über den Teppich hüpfen. | Daneben saßen zwei ältere Herren, | die unentwegt über Fußball und „ihre" Elf redeten | und dabei vom Hundertsten ins Tausendste kamen. | Ich hätte nicht gedacht, | dass man mit sechzig so unsachlich sein kann. |

Jedes Mal, wenn die Sprechstundenhilfe „der Nächste, bitte" sagte, | hoffte ich, dass sie mich meinte. | Natürlich kam ich erst als Zehnter dran. | Beklommen öffnete ich den Mund. | Gleich als Erstes stellte die Zahnärztin fest: | „Dein Weisheitszahn muss raus." | Das war wirklich das Letzte, | was ich mir wünschen konnte.

165 Wörter

Unbestimmte Zahladjektive und Indefinitpronomen

Unbestimmte Zahladjektive werden in der Regel großgeschrieben. *(Du bist der Einzige, der surfen kann. Ich könnte euch darüber Verschiedenes erzählen.)*
Die vier Zahladjektive **viel – wenig – eine – andere** werden in allen Formen kleingeschrieben. Auch Pronomen wie **manche – jede – beide – einige** werden kleingeschrieben. *(Nur wenige nehmen an der Fahrt teil. Das meiste habe ich verstanden. Die beiden kenne ich.)*

Vergebliche Mühe |

In unserer Klasse ist einiges los. | Die einen gehören zur Clique von Flora | und ihrer Freundin Mia. | Die beiden haben jede ein eigenes Pony | und sie sehen umwerfend aus. | Aber eigentlich sind sie ziemlich eingebildet. | Immer wollen sie bestimmen | und es gibt nicht wenige, | über die sie bösartig herziehen. | Im Stillen ärgert sich mancher über ihr Verhalten, | die meisten trauen sich aber nicht, | es laut zu sagen. | Nur in einem bekommen sie nicht, | was sie wollen. | Sie sind unsterblich in Moritz verliebt. | Aber er ist der Einzige, | der sich nichts aus ihnen macht. | Die beiden haben schon alles Mögliche versucht. | Unter anderem sind sie abends mit ihren Pferden | an seinem Haus vorbeigeritten. | Moritz fand das Ganze eher lächerlich. | Die Einzige, für die er sich interessiert, | ist Lisa. | Lisa ist still, | aber sie hat in vielem ihre eigene Meinung | und lässt sich von den Übrigen nicht beeinflussen. | Die anderen nehmen wenig Notiz von ihr.

155 Wörter

Zahlen, Zahladjektive und Indefinitpronomen

Die Regeln zu Grundzahlen, Ordnungszahlen, unbestimmten Zahladjektiven und Indefinitpronomen findest du auf den Seiten 29 und 30. Außerdem gilt: Wenn mit *Dutzend, hundert* oder *tausend* unbestimmte Mengen angegeben werden, können diese groß- oder kleingeschrieben werden. *(Viele Tausend/tausend haben gespendet.)*

Open Air |

Weil ich in Musik schon die zweite Eins geschrieben hatte, | schenkte mir meine Großtante, | eine rüstige Dame von siebzig, | eine Karte für eine Opernaufführung im Park. | Am Dreiundzwanzigsten sollte die Aufführung stattfinden. | Zunächst war ich nicht begeistert, | denn mein Musikgeschmack war ein anderer. | Zu sechst fuhren wir mit Freunden meiner Großtante | in der Drei zum Stadtpark. | Wir waren nicht die Einzigen, die in den Park wollten. | Gemeinsam mit uns strömten Dutzende* von Menschen | auf die Zuschauertribüne mitten im Stadtpark zu. | Jeder Zweite war wie wir beladen | mit Decken und einem Picknickkorb. | Wegen des Jubiläums prangte über dem Eingang eine große Fünfundzwanzig. | Auf unseren Plätzen in der zehnten Reihe angekommen, | machten wir es uns gemütlich. | Fürs Erste war ich mit dem Ausflug einverstanden. | Als die meisten der fast tausend Zuschauer ihre Plätze eingenommen hatten, | begann um neun die Vorstellung. |

Aber die Musik vor der Naturkulisse, | die nach zehn einsetzende Dämmerung und die Sänger, | die ihr Letztes zu geben schienen, bewirkten, | dass ich von dem Ganzen fasziniert war. | Als die Vorstellung vorbei war, | standen Tausende* auf und applaudierten stürmisch.

179 Wörter

* *auch:* dutzende · tausende

1.4 Anredepronomen

Die Höflichkeitsanrede

Die Höflichkeitsanrede **Sie** wird immer großgeschrieben. *(Können Sie mir helfen?)* Dies gilt auch für die Possessivpronomen **Ihre, Ihr** usw., die sich auf die angesprochene Person beziehen. *(Sie haben Ihre Tasche liegen lassen.)* Das Reflexivpronomen **sich** wird immer kleingeschrieben.

Liebe Eltern der Klasse 5 c! |

Als Klassenlehrerin Ihrer Kinder | möchte ich Sie um Ihre Mithilfe | beim nächsten Adventsbasar bitten. | Wieder einmal brauchen wir | Ihre guten Ideen und Ihre Tatkraft! | In diesem Jahr | wollen wir Weihnachtsmänner | aus Mürbeteig backen und anmalen. |

Wer von Ihnen Zeit hat, | ist am Donnerstag | zum Backen und Malen herzlich eingeladen. | Denken Sie daran, | Ihren Kindern eine Schürze mitzugeben, | damit sie sich nicht die Kleidung verderben! |

Wer von Ihnen ist außerdem bereit, | den Schülern am Freitag | beim Aufbau ihres Verkaufsstandes zu helfen? | Über Ihre Mithilfe | würden wir uns sehr freuen. | Schreiben Sie eine kleine Notiz, | die Sie Ihrem Sohn oder Ihrer Tochter | morgen früh* mitgeben. | Ich kann dann Ihren Einsatz organisieren. |

Es wünscht Ihnen eine schöne Adventszeit |
Ihre Inge Werner

123 Wörter

*auch: morgen Früh

Sehr geehrte Frau Moser, |

vielen Dank für Ihren Brief. | Auch ich freue mich sehr | über das ehrliche Geständnis unserer Kinder. | Andere hätten mit Dreistigkeit | die Beteiligung abgestritten. |

Was nun die Regelung des Schadens angeht, | ist es meiner Meinung nach | tatsächlich das Beste, | gemeinsam zu den Nachbarn zu gehen. | Auch ich möchte nicht, | dass zwischen Ihnen und Ihren Nachbarn | Feindschaft entsteht. |

Ich gehe davon aus, | dass unsere Versicherung | den Glasschaden übernimmt. | Allerdings habe ich vor, | Svenja von ihrem Taschengeld etwas abzuziehen, | damit sie sich an ihre Verantwortung erinnert. | Dies ist sinnvoller | als langes Reden und ständiges Ermahnen. | Da mein Mann sehr geschickt | im Tischlern und Lackieren von Möbeln ist, | möchte ich Ihnen vorschlagen, | dass er das Reparieren des Stuhles übernimmt. | Er hat bereits viel Schönes hergestellt. |

Gerne hätte ich etwas Angenehmeres mit Ihnen besprochen, | doch können wir dies beim nächsten Grillen im Garten | (ohne Fußball) nachholen. | Ich bin dann morgen Nachmittag bei Ihnen. |

Mit freundlichen Grüßen |
Ihre Frau Plötz

158 Wörter

Die Höflichkeitsanrede

Die Höflichkeitsanrede **Sie** wird immer großgeschrieben. Dies gilt auch für die Possessivpronomen **Ihre, Ihr** usw. (↑ S. 32). Ansonsten schreibt man Possessivpronomen aber klein.

Sehr verehrte Erwachsene, liebe Eltern, |

in diesem Brief möchten wir Ihnen erklären, | warum wir das Kinderland errichtet haben. | Glauben Sie bitte nicht, | dass wir Sie nicht mögen | oder Ihre Erfahrungen nicht schätzen.

Viele Kinder fühlen sich aber von ihren Eltern | und anderen Erwachsenen bevormundet. | Hier im Kinderland können sie ihr Leben | in ihre eigenen Hände nehmen. | Sie bestimmen selbst ihre Rechte und ihre Pflichten. | Tatsächlich sind die Kinder gezwungen, | ihre Probleme selbst zu lösen. | Dafür bekommen sie aber auch das Gefühl, | für alles, was sie tun, | selbst verantwortlich zu sein. |

Liebe Eltern, Sie können sicher sein, | dass es Ihren Kindern im Kinderland gut geht | und dass sie zu Ihnen zurückkehren können, | sobald sie es wünschen. | Wenn Sie sich Sorgen um Ihre Kinder machen, | können Sie jederzeit die Kinderlandverwaltung anrufen. | Man wird Ihnen dort gern Auskunft geben. |

Wir hoffen, Sie respektieren unser Vorgehen. |
Ihr Kinderlandteam

144 Wörter

Die vertrauliche Anrede

Die Anredepronomen **du** und **ihr** sowie die entsprechenden Possessivpronomen werden normalerweise kleingeschrieben. *(Könntest du deinen Vater um einen Gefallen bitten? Wo habt ihr eure Sachen gelassen?)* In Briefen kann diese Anrede wie die Höflichkeitsanrede auch großgeschrieben werden. *(Lieber Thomas, ich danke Dir/dir für Deinen/deinen Brief.)*

Liebe Laura, |

gestern habe ich Deine* Karte bekommen. | Ich freue mich, dass es Dir* und Deinen* Brüdern gut geht. | Wie schön, dass auch sie nach dem Umzug | noch Kontakt zu ihren alten Freunden haben. |

Ich kann mir gut vorstellen, | wie sehr Ihr* Eure* vertraute Umgebung vermisst. | Auch ich denke oft an Dich* und Deine* lustigen Einfälle. | Ich werde Dich* demnächst anrufen, | um mit Dir* ein Treffen zu vereinbaren, | auf dem wir mal so richtig tratschen können | über Deinen* Hannes, die Jungs und ihre Macken im Allgemeinen. |

Bis bald, alles Gute
Deine* Anna

92 Wörter

* *auch:* deine · dir · deinen · ihr · eure · dich · deine · dich · dir · deinen · deine

Getrennt- und Zusammenschreibung

2.1 Verbindungen mit einem Verb

Substantiv und Verb

Wortverbindungen, die aus einem Substantiv und einem Verb bestehen, schreibt man zusammen, wenn das Substantiv als verblasst angesehen wird *(teilnehmen, kopfstehen ...)*. Getrennt schreibt man, wenn das Substantiv als eigenständig angesehen wird *(Auto fahren, Ski laufen ...)*. Verbindungen aus **fehl-, feil-, heim-, irre-, kund-, preis-, wahr-, weis-, wett-** und einem Verb schreibt man zusammen *(heimsuchen, preisgeben)*.

Redekunst |

In Prag strapazierte ein Angeklagter die Nerven des Gerichts, | indem er endlose Reden hielt. | Sein Ziel war es, | die Richter durch seinen Monolog irrezuführen | und ihnen lästig zu werden. | Die Richter forderten, dass er sich zurückhalten solle, | womit sie allerdings kein Gehör fanden. | Die erste Übersetzerin durfte bereits heimkehren. | Sie konnte dem Redeschwall gerade zwei Tage standhalten. | Der Engländer hätte theoretisch Monate reden können, | da das Gesetz nicht vorschreibt, | dass er direkt zum Thema sprechen muss. | Glücklicherweise beschränkte er sich auf nur wenige Wochen. | In dieser Zeit war er bereit, | unwichtige Details aus seinem Leben preiszugeben. | Er erzählte, wie er täglich zum Waschsalon ging, | um seine Wäsche zu waschen. | Zudem war er ein leidenschaftlicher Wintersportler. | Regelmäßig ging er eislaufen, Schlitten und Ski fahren. | Der Richter drohte schließlich irrezuwerden | und unterbrach die Verhandlung.

133 Wörter

Untrennbare Zusammensetzungen mit einem Verb

Es gibt feste Verbindungen mit einem Verb, die in allen gebeugten Verbformen zusammengeschrieben werden. Diese nennt man untrennbare Zusammensetzungen *(übertreten – ich übertrete niemals ein Gesetz, widersprechen – er widersprach niemals)*.

Die Konferenz der Tiere (von Erich Kästner) |

Die Menschen auf der Erde übertreten Grenzen, | führen daraufhin Kriege | und halten schließlich Konferenzen ab, | um wieder Frieden zu schließen. | Doch leider haben die wenigsten Konferenzen tatsächlich Erfolg. |

Die Tiere der Welt beobachten dieses Treiben der Menschen | und überlegen, | wie sie diesen tödlichen Kreislauf unterbrechen können. | Parallel zur 87sten Konferenz der Staatsmänner | treffen sich die Tiere zu ihrer ersten Zusammenkunft. | Sie beschließen, den Menschen zu widersprechen | und sie ihrer Vernunft zu unterwerfen. |

Zuerst überfallen die Nagetiere die Büros der Menschen | und fressen deren Akten. | Danach werden die Motten auf die Soldaten gehetzt, | um deren Uniformen zu zerstören, | denn die Militärs verkörpern die Macht der Staatsmänner. |

Doch die Menschen bleiben stur, | woraufhin die Tiere schlussfolgern, | dass nur die Entführung der Kinder | zum Nachgeben der Menschen führen kann. | In unbekannten Gegenden werden die Kinder versteckt, | was endlich bewirkt, | dass die Staatsmänner ihre Konferenz unterbrechen. | Sie unterschreiben schließlich den Vertrag mit den Tieren, | da sie den Widerstand der Eltern fürchten.

164 Wörter

Trennbare Zusammensetzungen mit einem Verb

Es gibt Verbindungen von Präpositionen oder anderen Wörtern mit einem Verb, bei denen sich die Reihenfolge im Satz ändern kann *(auffallen – er fällt zwischen all den kleinen Kindern besonders auf)*. Diese Verbindungen nennt man trennbare Zusammensetzungen. Sie werden nur im Infinitiv, in den beiden Partizipien und bei Endstellung im Nebensatz zusammengeschrieben.

Die Massai |

Das afrikanische Volk der Massai, | das in Kenia und Tansania anzutreffen ist, | hat das Nomadenleben niemals aufgegeben. | So ziehen sie auch heute noch | wie schon seit vielen Tausend* Jahren | durch die Savannen Ostafrikas. | Sie lehnen das moderne Leben ab | und pflegen ihre traditionellen Lebensgewohnheiten. | Ihre Viehherden, die vor allem aus Rindern, | aber auch aus Schafen und Ziegen bestehen, | stellen ihre Lebensgrundlage dar. | Doch essen sie nur selten Fleisch. | Vielmehr ernähren sie sich von Nahrungsmitteln, | die aus der Milch ihrer Tiere gewonnen werden können. |

Um aber in den Trockenzeiten überleben zu können, | trinken sie das Blut ihrer Rinder. | Dazu werden diese aber keineswegs geschlachtet, | denn dies würde einen zu großen Verlust für den Besitzstand bedeuten. | Nicht zuletzt aufgrund dieser altertümlichen Sitte | sind die Massai ein sagenumwobenes Kriegervolk. |

Der junge Massai wächst mit dem Bewusstsein auf, | ein großer Krieger zu werden, | der die Gemeinschaft schützen soll, | auch wenn er dafür sein Leben aufopfern muss. | Den Beweis seiner Tapferkeit erbringt er, | indem er einen Löwen im Kampf tötet.

167 Wörter

* *auch:* tausend

7. KLASSE

Verb im Infinitiv und Verb

Eine Wortverbindung aus einem Verb im Infinitiv und einem Verb schreibt man getrennt *(baden gehen, laufen lernen)*. Wortverbindungen mit **bleiben** oder **lassen** kann man zusammen- oder getrennt schreiben, wenn die Verbindung im übertragenen Sinne verwendet wird *(liegen bleiben/liegenbleiben [unerledigt bleiben])*. Die Verbindung *kennenlernen/ kennen lernen* kann man zusammen- oder getrennt schreiben.

Die Schule |

Schüler sind gar nicht so unglücklich über die Schule, | wie man das aus vielen Äußerungen schließen könnte. | Natürlich möchte niemand sitzen bleiben*, | aber die Notwendigkeit der Noten | ist doch weitgehend anerkannt. | Allerdings besteht für den Großteil der Schüler | die Motivation nicht darin, | in der Schule etwas lernen zu wollen. | Sie wollen vielmehr Gleichaltrige kennenlernen*. | Für Paul, einen Schüler der 7. Klasse, | ist es wichtig, gut schreiben zu lernen. | Wozu er aber die Höhen der Mathematik erklimmen müsse, | könne er gar nicht verstehen. | Leonie beschwert sich dagegen über die lästigen Hausaufgaben, | die als eine traurige Gewissheit | den Schüler auf dem Nachhauseweg begleiten. | Sie würde am Nachmittag lieber mit ihrer Freundin Natascha spazieren gehen. | Die Schüler einer 7. Klasse forderten einstimmig, | die Schule erst gegen 10 Uhr beginnen zu lassen, | da man dann länger im Bett liegen bleiben könne. | Lea meinte dazu: „Ich könnte mir vorstellen, | dann sogar bis nachmittags in der Schule zu bleiben, | wenn man gemeinsam die Hausaufgaben unter Aufsicht erledigen dürfte."

165 Wörter

* *auch:* sitzenbleiben · kennen lernen

Partizip und Verb

Wortverbindungen aus einem Partizip und einem Verb werden in der Regel getrennt geschrieben (*getrennt schreiben – getrennt* = Partizip, *schreiben* = Verb).

Kino im Kopf |

Yusuf ist ganz begeistert | von seinem neuen Fantasyroman. | Ein mutiger Krieger hat die Aufgabe gestellt bekommen, | einen geheimen Trank in die Burg zu bringen, | bevor dieser verloren geht. | Obwohl er sich eifrig bemüht, | ist es bereits Tag, | als er den Burgberg erblickt. | Beim Versuch, | den Ring der Verteidiger zu durchbrechen, | trifft ihn ein Schlag auf den Kopf | und er wird gefangen genommen*. | Als er wieder zu sich kommt, | fühlt er sich nicht nur krank, | er muss auch feststellen, | dass man ihn in einen Schrank gesperrt hat. |

Doch er muss nicht rasend werden | und hat Glück. | Auf der Rückseite lässt sich ein Brett lösen. | Jetzt gilt es, den Sarg zu finden, | in dem die Mumie liegt, | die der Zaubertrank | wieder zum Leben erwecken soll. | Wie es wohl weitergeht? |

Aber bevor Yusuf weiterlesen kann, | muss er erst noch einmal sein Diktat üben, | denn er hat sich fest vorgenommen, | endlich zu verstehen, | wann er getrennt schreiben muss | und wann zusammengeschrieben wird. | Für ein Superdiktat hat er sogar | ein Geschenk versprochen bekommen.

171 Wörter

* *auch:* gefangengenommen

7. KLASSE

Adjektiv und Verb

Wortverbindungen aus einem Adjektiv und einem Verb werden zusammengeschrieben, wenn durch die Verbindung eine neue Gesamtbedeutung entsteht *(krankschreiben, kürzertreten)*.
Lässt sich nicht genau entscheiden, ob eine neue Gesamtbedeutung vorliegt, kann getrennt oder zusammengeschrieben werden *([ein paar Tage] frei bekommen/freibekommen)*. In allen anderen Fällen schreibt man Wortverbindungen aus Adjektiv und Verb getrennt *(laut lachen, schön singen)*.

Naomi und Alan |

Nachdem Alan mit seinen Freunden | den Nachmittag auf dem Baseballplatz verbracht hatte, | kehrte er nach Hause zurück. | Im Treppenhaus erschrak er, | als ein ihm unbekanntes Mädchen plötzlich ängstlich weglief. | Sie schien beim Weglaufen so schnell zu sprechen, | dass er kein einziges Wort verstehen konnte. | Doch noch vor der Wohnungstür wurde ihm klar, | dass das Mädchen fremde Worte verwendet hatte. | Spöttisch fragte er seine Mutter nach der neuen Hausbewohnerin. | „Ich wollte mit dir darüber reden“, | entgegnete die Mutter. |

Das Mädchen hieß Naomi | und war vor dem Krieg in Europa mit ihrer Mutter nach New York geflohen. | Die Eltern wollten, dass Alan | sich ein wenig um dieses Mädchen kümmere. | Alan dachte, dass ihm dieser Auftrag lästig fallen* werden würde, | doch er gab schließlich nach. | Er versuchte, seine Treffen mit dem Mädchen | vor seinen Freunden geheim zu halten, | denn sie galt als verrückt und in gewisser Weise war sie das auch. | Sie sprach nicht direkt mit Alan, | sondern benutzte ihre Puppe. | Nur so konnte sie frei sprechen. | Irgendwann musste er sich allerdings doch | zu der entstehenden Freundschaft bekennen.

(Nach dem Buch „Der gelbe Vogel“ von Myron Levoy)

178 Wörter

* *auch:* lästigfallen

Verbindungen mit dem Verb sein

Eine Verbindung mit einem Verb wird immer getrennt geschrieben, wenn es sich um das Verb **sein** oder um eine konjugierte Form dieses Verbs handelt *(dabei sein, dagegen sein)*. Diese Regel kannst du mithilfe des folgenden Diktats üben, in dem auch andere Regeln der Getrennt- und Zusammenschreibung (↑ S. 36–41) wiederholt werden.

Faust |

Goethes wohl berühmtestes Werk ist der „Faust“, | eine Tragödie in zwei Teilen. | Es ist die Geschichte eines Gelehrten, | der außerstande* ist, | mit seinem Leben zufrieden zu sein. | Um sich aus seiner lebensmüden Lage zu befreien, | schließt er einen Pakt mit dem Teufel. | Zusammen gehen sie auf Reisen, | wo Faust sich in Gretchen verliebt, | die jedoch schrecklich schüchtern ist. | Er umwirbt sie mit Gold und Juwelen | und der Teufel tut sein Übriges. | Gretchen gibt dem Verehrer schließlich nach. | Sie will in der Nacht Faust zu sich kommen lassen, | doch dafür muss die Mutter ruhig schlafen. | Den von Gretchen verabreichten Schlaftrunk überlebt die Mutter nicht. | Faust wird beim Betreten des Hauses gestört, | da er mit ihrem Bruder aneinanderstößt. | Er tötet diesen. | Die Tragödie endet schließlich damit, | dass Gretchen gefangen genommen* wird. | Da sie ihre Schuld erkennt, | lässt sie sich auch nicht von Faust befreien. |

Neben seinem dichterischen Werk | konnte Goethe aber auch in den Naturwissenschaften zu Ruhm gelangen. | 1784 entdeckte er den Zwischenkieferknochen | und er schrieb ein wichtiges Werk über die Farbenlehre. | 1832 starb Goethe in Weimar, | wo er zuletzt gewirkt hatte.

181 Wörter

*auch: außer Stande · gefangengenommen

Trennbare und untrennbare Zusammensetzungen mit einem Verb

Es gibt Verbindungen von Präpositionen und anderen Wörtern wie ehemaligen Substantiven mit einem Verb, bei denen sich die Reihenfolge im Satz ändern kann (↑ S. 38). Man nennt sie trennbare Zusammensetzungen. Davon zu unterscheiden sind untrennbare Zusammensetzungen mit einem Verb, die immer zusammengeschrieben werden (↑ S. 37).

Erich Kästner |

Erich Kästner wurde 1899 in Dresden geboren. | Nachdem er schon früh in der Volksschule aufgefallen war, | besuchte er daraufhin das Lehrerseminar. | Die Eltern wollten einen angesehenen Lehrer aus ihm machen. | Doch dieser Plan schlug fehl, | denn der Erste Weltkrieg war zwischenzeitlich ausgebrochen | und der junge Erich Kästner wurde vom Militär eingezogen. |

Später wurde er zu einem der angesehensten Kinderbuchautoren und wer weiß, | ob er als Lehrer noch Freude gehabt hätte, | sich in seiner Freizeit den Kleinen zu widmen. | So konnte er mit seiner Fantasie gut haushalten | und schrieb neben seiner Tätigkeit als Journalist | eine Reihe von Kinderbüchern, | wie z. B. „Emil und die Detektive“ aus dem Jahr 1929. |

Kästner opferte sich stets für Demokratie und Frieden auf, | was dem Willen der Nationalsozialisten widersprach. | Nach der Machtübernahme 1933 in Deutschland veranlassten sie, | dass seine Bücher verbrannt wurden. | Trotz des Drucks wollte Kästner seine Auffassungen nicht preisgeben, | was ihm ab 1942 ein totales Schreibverbot einbrachte. | Aber er gab nicht auf | und schrieb unter einem Pseudonym als Drehbuchautor weiter. | Erst nach dem Zweiten Weltkrieg wurden seine Werke mit Preisen ausgezeichnet.

177 Wörter

2.2 Verbindungen mit Adjektiven oder Partizipien

Substantiv und Partizip

Eine Verbindung aus **Substantiv + Partizip** schreibt man **zusammen**, wenn sie anstelle einer Wortgruppe steht und dabei ein Artikel oder eine Präposition eingespart wird *(freudestrahlend = vor Freude strahlend)* oder wenn das Substantiv in dieser Form nicht selbstständig vorkommt *(friedliebend: „fried" gibt es nicht)* oder wenn die zugrunde liegende Verbindung aus Substantiv + Verb zusammengeschrieben wird *(irreführend)*. Wird die zugrunde liegende Verbindung aus Substantiv und Verb getrennt geschrieben, darf man sowohl getrennt als auch zusammenschreiben *(Not leidend/notleidend)*.

Die geheimnisumwitterte Burgruine |

Es war schon fast Abend, | als sich Leon, Ben, Emma und Maria | vor der alten Burgruine trafen. | In der Schule hatten sie viele Geschichten | von der sagenumwobenen Ruine gehört. | Deshalb hatten sie beschlossen, | sich das uralte Gebäude am Waldrand | einmal näher anzuschauen. | Sicherheitshalber hatten sie Taschenlampen mitgebracht. | Leon und Ben schlüpften zuerst | durch einen etwas größeren Spalt | der gut erhaltenen Burg. | Emma und Maria | folgten ihnen lautlos. | Im Inneren der Ruine | befand sich ein großer Raum. | „Ob das früher einmal | der Speisesaal war?", | fragte Emma. | „Kann schon sein", | antwortete Leon achselzuckend. | Plötzlich rannte eine Ratte | an ihnen vorbei. | Emma stieß einen spitzen Schrei aus. | „Was für ekelerregende* Tiere!", | rief sie. | So langsam konnten sie | nur noch etwas sehen, | indem sie die Taschenlampen anschalteten. | „Die müssen ja steinreich | gewesen sein!", | staunte Ben, | als er die großen Räume bemerkte. | Da hörten sie ein leises Knarren. | „Ich möchte jetzt gehen", | murmelte Maria angsterfüllt. | Die Viererbande verließ die efeubewachsene Ruine | und trat auf die mondbeschienene Lichtung. | Still radelten sie nach Hause*.

170 Wörter *auch: Ekel erregende · nachhause

7. KLASSE

Adjektiv und Adjektiv

Wortverbindungen aus Adjektiv und Adjektiv oder Substantiv und Adjektiv werden zusammengeschrieben, wenn der erste Bestandteil bedeutungsverstärkend oder bedeutungsabschwächend ist.

Unsere Omas |

„Puh, ist das bitterkalt“, | sagt Nele zähneklappernd. | „So weit ist es mit der Kälte | schon gekommen, | dass ich meine verhassten Ohrenschützer anziehe. | Die sind ja so potthässlich!“ |
„Stimmt nicht“, | beschwichtigt sie ihre beste Freundin Alina, | „die sind doch topmodern. | Nicht so wie die Handschuhe, | die meine Oma mir gestrickt hat. |
Im Kleiderstricken ist sie blitzschnell. | Wahrscheinlich bekomme ich morgen | eine Pudelmütze von ihr | oder einen dieser ellenlangen Schals.“ |
„Ja, da hatte ich mehr Glück | mit dem Hobby meiner Oma“, | stimmt ihr Nele zu. | „Meine Oma könnte ständig Kuchen backen. | Und das Kuchenbacken | kann sie auch richtig gut! | Wenn ich nur an den Schokoladenkuchen | von gestern denke ...“ |
„Du Glückspilz!“, | wird sie von Alina beneidet. | „Sag mal, | habt ihr vielleicht noch ein Stückchen | von diesem superleckeren Kuchen daheim?“ |
„Na klar!“, | ruft Nele freudestrahlend. | „Das ist eine gute Idee. | Wir gehen zu mir, | wärmen uns mit einer heißen Schokolade auf | und essen Schokokuchen. |
Das hätte mir gleich einfallen können. | Und da wir bienenfleißig sind, | machen wir nebenbei noch unsere Hausaufgaben!“

169 Wörter

2.3 Verbindungen aus Substantiv und Präposition

Präposition und verblasstes Substantiv

Man schreibt ein sogenanntes verblasstes Substantiv mit einer Präposition zusammen, wenn die Fügung zu einer neuen Präposition oder einem Adverb geworden ist *(infolge)*. Manchmal kann man zusammen- oder getrennt schreiben. Es gibt aber ein paar Ausnahmen, in denen man das Substantiv und die Präposition getrennt schreiben muss, obwohl die beiden eine feststehende Verbindung bilden *(zu Fuß, zu Ende, zu Wasser und zu Lande)*.

Die Macht der Flammen |

Feuer faszinierte die Menschen schon immer. | Aber **infolge** seiner zerstörerischen Kraft | wirkt es auch abschreckend. | Einem Gerücht **zufolge** | soll der römische Kaiser Nero Rom angezündet haben. | **Anstatt** sich vor dem Feuersturm zu fürchten, | soll Nero beim Anblick dieses Flammenmeeres | ein Lied gesungen haben. |

Feuer verkörpert sowohl das Gute als auch das Böse. | Dem Menschen wird durch das Feuer Wärme **zuteil**, | aber er kann daran auch **zugrunde*** gehen. | Im Christentum kann das Feuer eine Strafe Gottes sein, | aber Gott verwandelte sich auch | dem Volk Israel **zuliebe** in eine Feuersäule, | um ihm beim Auszug aus Ägypten voranzuschreiten. |

Die griechische Mythologie hat ihre eigene Geschichte, | wie das Feuer auf die Erde kam. | Prometheus brachte es **zustande***, | den Göttern das Feuer zu entwenden | und den Menschen zu bringen. | Damit stellte er die göttliche Allmacht **infrage***. | Aufgrund dieses Diebstahls wurde Prometheus hart bestraft | und an einen Felsen im Kaukasus gekettet.

149 Wörter

* *auch:* zu Grunde · zu Stande · in Frage

7. KLASSE

Parole Emil |

Ein kleiner Junge, sein Name ist Emil, | reist alleine nach Berlin. | Aufgrund* ihrer Geldknappheit kann ihn seine Mutter nicht begleiten | und so muss er die Reise alleine antreten. | Am Bahnhof steckt ihm die Mutter ihr mühselig erspartes Geld zu, | das Emil nur ihr zuliebe annimmt. | Im Zug lernt er einen Mann kennen, der sich freundlich mit ihm unterhält, | dann aber ins Zugrestaurant geht. | Emil wird müde, doch er wehrt sich gegen den Schlaf, | da er befürchtet, beraubt zu werden. | Schließlich schläft er inmitten der Reisenden ein. |

Als er erwacht, ist das Geld verschwunden | und er verdächtigt den Mann, | der sich zuvor mit ihm unterhalten hat. | Er blickt aus dem Fenster und erkennt ihn auf dem Bahnsteig, | wie er gerade den Bahnhof verlassen will. | Anstatt seine Reise fortzusetzen, | springt Emil aus dem Zug und nimmt die Verfolgung zu Fuß auf. |

Am Bahnhof erkennt er, dass er bereits in Berlin ist, | den Zug aber zu früh verlassen hat. | Verloren steht er in den Straßen der Großstadt, | doch bald findet er Freunde, die mit ihm die Verfolgung aufnehmen. | „Parole Emil" ist ihr Erkennungszeichen. | Schließlich können sie den Dieb stellen, | der sich als ein gesuchter Schwerverbrecher entpuppt.

(Nach dem Buch „Emil und die Detektive" von Erich Kästner)

195 Wörter

* *auch:* Auf Grund

3

Dehnung und Schärfung

3.1 Dehnung

Doppelvokale

Unter Dehnung versteht man die Kennzeichnung von lang gesprochenen Vokalen. Um die Länge der Vokale **a, e** und **o** anzuzeigen, werden sie manchmal verdoppelt *(Meer, Haar, Boot)*. Wenn der Vokal zum Umlaut wird, entfällt die Dopplung *(Saal – Säle, Boot – Bötchen)*.

Urlaub |

Er saß, | eine Tasse mit dampfendem Tee | in der Hand, | im Strandcafé und blickte hinaus aufs Meer. | „Ja", dachte er. | „Es ist richtig gewesen, | im Frühling an die See zu fahren." | Er hatte nur gewartet, | bis der letzte Schnee getaut war. | Blühende Kleewiesen im Juni | oder das Sammeln von Beeren im August | wären sicher auch verlockend gewesen. | Aber um die Seele baumeln zu lassen, | gab es nichts Besseres | als die Stille an einem menschenleeren Strand. |

Und wenn er Trubel brauchte, | ging er an den Hafen, | zählte die Schiffe, | die dort auf Reede lagen, | oder sah beim Teeren der Boote zu. | Auch die schaukelnden Schifferbötchen | waren ein schöner Anblick. | Abends gab es Programm | in einem der verschiedenen Säle des Rathauses, | meist im großen Festsaal. |

Aber meistens saß er nur still | in seinem Zimmer mit Meeresblick, | strich sich durch die Haare | und las ein gutes Buch.

145 Wörter

Dehnungs-h

Ein weiteres Mittel zur Kennzeichnung langer Vokale ist das sogenannte Dehnungs-h *(Ruhm, Sohn, stehlen)*.
Vorsicht: Bei vielen, besonders bei kurzen Wörtern gibt es gar keine Kennzeichnung der Dehnung (↑ S. 52).

Auf der Jagd |

Jäger sind Frühaufsteher. | Reh und Hase sind heutzutage | wegen der vielen Störungen in Wald und Flur | eher nacht- oder dämmerungsaktiv. |

Schon bei der Anfahrt auf den Hochsitz | achtet der Jäger darauf, | keinen unnötigen Lärm zu verursachen. | Deshalb wird der Wagen abseits geparkt. | Beim Anpirschen sollte kein Ast knacken, | keine Schnupfennase niesen. | Hört er etwas, | muss er zunächst wie gelähmt verharren, | um das Wild nicht zu vergrämen. | Leise, jeden Schritt sehr bewusst setzend, | erreicht der Jäger den Hochsitz. | So braucht man für einen Weg von 500 Metern | schon mal eine halbe Stunde. |

Auf dem Hochsitz schließlich | darf sich der Weidmann* nicht viel bewegen, | da Reh und Hirsch außerordentlich gut äugen. | Manchmal werden nach drei Stunden solcher Sitzerei | sämtliche Glieder lahm. | Augenblicklich sind diese Begleiterscheinungen verschwunden, | wenn man einen Hirsch röhren hört. | Wenn man ihn hört! | Oft genug war außer dem Gesang einer einsamen Dohle nichts los.

148 Wörter

**auch:* Waidmann

Dehnungs-e nach i

Von wenigen Ausnahmen abgesehen (geografische Namen wie *Soest, Itzehoe, Oldesloe*), taucht das **e** als Dehnungszeichen nach dem **i** auf *(bieten, siegen, wiegen, Wiese, Stiefel)*.
Aber Vorsicht: Es gibt, oft bei Fremdwörtern, auch ein langes **i** ohne Dehnungszeichen *(Krokodil, Medizin)*.

Hölle oder Paradies? |

Jeder Europäer, | der schon einmal am Äquator war | und den tropischen Regenwald erlebt hat, | stellt sich dieselbe Frage: | Wie konnte Tarzan | in diesem Urwald überleben, | und das ganz ohne Medizin? | Sobald man diese Klimazone besucht, | spürt man die Schwüle, | die in der Luft liegt. | Am frühen Nachmittag beginnt es, | für wenige Stunden zu regnen, | danach erwärmen die Sonnenstrahlen | wieder die Erde. | Dabei verdunstet viel Wasser, | sodass das gesamte Dschungelgebiet | im Nebel liegt. | Man fühlt sich jetzt wie im Dampfbad | und es ist ziemlich schwierig, | sich daran zu gewöhnen, | dass einem sämtliche Kleider am Leibe kleben. |

Da es im Dschungel keine Straßen gibt | und nur wenige Pfade, | muss man vor allem auf gutes Schuhwerk achten. | Am besten sind kniehohe Stiefel mit dicken Sohlen, | mit denen man auch mal ein Moor durchwaten kann. | Der hohe Schaft | schützt zudem die Waden | vor Schlangenbissen und Ungeziefer, | das den Urwaldboden in Heerscharen bevölkert.

152 Wörter

Ein unnachgiebiger Held |

Im Jahre 1869 wurde in einer indischen Kleinstadt | Mahatma Gandhi geboren, | der später die Unabhängigkeit Indiens vorantrieb. | Niemand konnte das damals erahnen. | Lange mussten die Inder unter der britischen Herrschaft leiden | und viel Blut musste fließen, | bis die indischen Freiheitskämpfer 1947 | schließlich den Sieg davontrugen. |

Gandhi, auch liebevoll „große Seele" genannt, | wählte für diesen schwierigen Kampf eine Strategie, | nach der keiner Fliege Leid zugefügt werden sollte. | Man nennt sie gewaltlosen Widerstand. | Ziel war es, sich der Gewalt aktiv zu widersetzen, | ohne selbst gewalttätig zu sein. | Gandhi drehte den Spieß herum | und wollte die Engländer mit ihren eigenen moralischen Grundsätzen besiegen. |

Immer wieder trieb er seine Landsleute an und rief sie auf, | Gerechtigkeit, Freiheit und Würde gewaltlos einzufordern. | Auf dem berühmten Salzmarsch | lief Gandhi mit einigen Anhängern | fast 400 Kilometer weit | bis zum Meer, | um gegen die ungerechte Salzsteuer zu protestieren.

143 Wörter

Dehnung ohne Kennzeichnung

Es gibt Wörter im Deutschen, die einen lang gesprochenen Vokal haben, aber ohne Dehnungszeichen geschrieben werden *(Rose, Lüge, Blume)*. Häufig werden die Vokale in Vorsilben (Präfixen) wie **ur-** und Nachsilben (Suffixen) wie **-tum, -sal, -bar, -sam** lang ausgesprochen, obwohl kein Dehnungszeichen vorliegt.
Auch Diphthonge *(ai, ei, au, äu, eu)* haben keine Dehnungszeichen.

Endlich am Meer |

Heute Morgen sind sie angekommen, | nach einer langen Fahrt | durch die ganze Nacht. | Doch von Müdigkeit | ist bei den Zwillingen Mia und Finn | nichts zu merken. | Obwohl die Mutter gerne | die beiden Koffer auspacken würde, | lässt sie sich überreden, | gleich ans Meer zu gehen. | Mia und Finn schnappen sich ihre Badesachen | und rennen schon einmal voraus. | Sie sind jedes Jahr am selben Urlaubsort | und kennen den Weg auswendig. | Noch bevor sie das Meer sehen, | können sie es hören: | die Brandung der Wellen an den Klippen, | die Rufe der Seemöwen | und das Jauchzen der anderen Kinder. | Irgendwie fühlen sich sogar Mund und Lippen | anders an als sonst, | salziger und trockener. |
Automatisch laufen sie schneller, | fast rennen sie. |
Und dann stehen sie davor: | langer Sandstrand, | blaues Wasser. | Ihre Mutter ruft noch: |
„Nicht so schnell, ihr beiden, | wartet doch!“ |
Aber das hören sie schon nicht mehr. |
Noch im Laufen ziehen sie Schuhe und Socken aus | und waten ins kühle Wasser. | Endlich Ferien! |
Endlich am Meer!

165 Wörter

Die uralte Welt |

Ursprünglich gab es gar nichts im Universum. | Eine riesige Explosion, | der sogenannte* Urknall, | war die Ursache | der Entstehung von Sternen und Planeten. | Die Erde war zunächst unbewohnt. | Es war eine mühsame und langsame Entwicklung, | bis die ersten Lebewesen und fruchtbares Land entstanden. |

Die ersten Tiere lebten im Meer | und sahen sonderbar | und manche sogar furchtbar aus. | Sie hatten zum Beispiel pilzförmige Augen | oder zangenartige Kiefer. | Erst viel später entwickelten sich | die berühmten Dinosaurier. | Ihr Schicksal war es, | die Erde für viele Millionen Jahre zu beherrschen, | dann jedoch auszusterben. | Wo heute New York liegt, | war damals undurchdringlicher Urwald. |

Aufrecht gehende Urmenschen | bevölkerten erst vor knapp zwei Millionen Jahren die Erde. | Dass sie die Erde seither | als ihr Eigentum betrachten, | ist aber offenbar das Ergebnis | unheilbarer Selbstüberschätzung. | Schon im Altertum kamen Wissenschaftler zu dem Urteil, | dass wir sehr sparsam und behutsam | mit unserer Umwelt umgehen müssen, | damit so wunderbare Tiere | wie Wal und Schwan, | Tiger und Antilope | oder Star und Blaumeise | eine Überlebenschance haben.

165 Wörter

*auch: so genannte

Dehnung mit und ohne Kennzeichnung

Um die Länge von Vokalen anzuzeigen, gibt es verschiedene Dehnungszeichen (↑ S. 48–51). Bei manchen Vokalen liegt jedoch kein Dehnungszeichen vor, obwohl sie lang ausgesprochen werden (↑ S. 52).

Fußball in Deutschland |

Das Fußballspiel kennt man in Deutschland | seit dem 19. Jahrhundert. | Ein Lehrer am Gymnasium | führte es ein, | um seinen Schülern | den Sport in der freien Natur | schmackhaft zu machen. |
Der Lehrer erklärte | die wichtigsten Regeln | und warf den Ball, | den er aus Großbritannien mitgebracht hatte, | einfach auf den Platz. | Die Schüler spielten mit großer Begeisterung. |
Dieser Mann gründete auch den ersten Fußballverein | und schrieb das erste Regelbuch. |
Danach wird zum größten Teil | heute noch gespielt. |
Die grundlegenden Regeln | sind überall bekannt: | Zwei Mannschaften spielen gegeneinander. | Der Ball muss über die Torlinie des Gegners | befördert werden. | Die Mannschaft, | die die meisten Tore erzielt, | gewinnt. |
Der Ball darf | mit dem ganzen Körper gespielt werden, | nicht aber mit Armen und Händen. | Nur der Torwart | darf innerhalb seines Strafraumes | den Ball mit den Händen fangen. |
Das Spiel beginnt | mit dem Anstoß | und besteht aus zwei Halbzeiten. |
Zu den Regeln, | die seit dem ersten Regelwerk geändert wurden, | gehört die der Hosenlänge: | Heute müssen die Hosen | nicht mehr über die Knie reichen.

169 Wörter

Die Formel 1 |

Unzählige Menschen sind fasziniert von Autorennen. | Besonders die Königsdisziplin, die Formel 1, | lockt Jahr für Jahr Hunderttausende* von Zuschauern an. | Viele von ihnen kommen sicherlich | aus Sensationsgier zu den Rennen. | In der Tat gibt es immer wieder schwere Unfälle, | die nicht selten Menschenleben kosten. | Hier regt sich auch der Widerspruch | der Gegner von Autorennen. | Für sie ist ein Menschenleben das höchste Gut auf Erden | und sollte nicht leichtfertig aufs Spiel gesetzt werden. | Daher verurteilen sie auch die Motivation der Zuschauer, | die ihr Vergnügen darin sehen, | andere in lebensbedrohenden Gefahren zu beobachten. |

Die Gegner der Formel 1 | können auf eine große Anzahl von Katastrophen | in den letzten Jahrzehnten hinweisen. | So gibt es kaum einen Weltklassefahrer, | der sein Rennauto nicht mindestens einmal | völlig demoliert hat. | Dies konnte aber bisher noch keinen | der Formel-1-Piloten davon abhalten, | sofort in das nächste Auto zu steigen | und mit quietschenden Reifen aus den Boxen zu rasen. | Aber nicht nur die Fahrt mit dem Rennauto birgt Gefahren, | auch der Halt zum Reifenwechsel und Tanken kann tödlich enden. | Da alles blitzschnell geschehen muss, | kann es vorkommen, | dass ein Mechaniker die Reifen nicht ordnungsgemäß befestigt. | Bei hoher Geschwindigkeit löst sich dann | das Rad von der Aufhängung | und der Rennfahrer verliert die Kontrolle über die Maschine.

208 Wörter

*auch: hunderttausende

3.2 Schärfung

Konsonantenverdopplung

Eine Möglichkeit zu zeigen, dass ein Vokal kurz gesprochen wird, ist, den folgenden Konsonanten zu verdoppeln *(Ball, Fett, Biss, Otter, Russe ...).* Diese Kennzeichnung eines kurz gesprochenen Vokals nennt man auch Schärfung.

Ein Nachmittag zum Faulenzen |

„Ich habe eine gute Idee“, | flüstert Svenja ihrer Freundin Maja | während der Biologiestunde zu. | „Meine Eltern sind heute Nachmittag nicht da. | Du kommst zu mir, | und wir können auf dem Sofa rumhängen, | Eis und Schokolade essen | und uns unzählige Filme ansehen.“ |

„Du bist ein Genie!“, | flüstert Maja zurück. | „Hoffentlich bekommen wir | nicht so viele Hausaufgaben.“ |

Nach der Schule rennen die beiden | zum Supermarkt, | um sich mit Süßigkeiten einzudecken. | Bei Svenja | schieben sie eine tiefgefrorene Pizza in den Backofen, | stellen die Musik auf volle Lautstärke | und singen und tanzen zu ihren Lieblingsliedern, | bis das Essen fertig ist. | Dann machen sie es sich | auf der Couch bequem. | Sie sehen einen Film | nach dem anderen, | bis es vor ihren Augen nur noch flimmert. |

Ein Blick auf die Uhr sagt ihnen, | dass Svenjas Eltern bald wiederkommen. | Schnell räumen sie die Unordnung auf, | und Maja verabschiedet sich. | Als sie um die Ecke biegt, | sieht sie in der Ferne das Auto von Svenjas Eltern. | Das war ja gerade noch mal* gutgegangen!

169 Wörter

* *auch:* nochmal

Konsonantenhäufung

Die Kürze eines Vokals kann nicht nur durch zwei gleiche Konsonanten (↑ S. 56), sondern auch durch zwei oder mehrere unterschiedliche Konsonanten, die dem Vokal folgen, angezeigt werden *(Schrank, Gift, folgen)*.

Der Yeti |

Seit langer Zeit geht der Glaube um, | dass es in den höchsten Regionen der Welt | noch unbekannte Tiere gibt. | Die Berge des Himalaja | sind sehr schwer zu erforschen. | Deshalb ist bis heute nicht klar, | ob es den Yeti dort wirklich gibt. | Er soll ein Wesen | zwischen Mensch und Affe sein, | das nur im Gebirge wohnt. | Viele Wissenschaftler wollten zeigen, | dass der Schneemensch lebt. | Oft war der Versuch, | in diese Schneewelt zu gelangen, vergeblich. | Viele Forscher kamen niemals zurück. |

Der Glaube an diesen Bergmenschen | stammt von Berichten berühmter Bergsteiger. | Sie wollen ihn selbst gesehen haben. | Vielleicht hat aber auch die Luft in der Höhe | den Bergsteigern einen Streich gespielt. | Dort oben ist die Luft sehr dünn | und kann einen Rausch bewirken.

122 Wörter

Drei gleiche Konsonanten

Um zu zeigen, dass ein Vokal kurz gesprochen wird, wird der folgende Konsonant oft verdoppelt (↑ S. 56). Bei zusammengesetzten Wörtern treffen dann manchmal die Konsonantenverdopplung und ein gleicher Anfangskonsonant des folgenden Wortes aufeinander. Diese Wörter werden deshalb mit drei gleichen Konsonanten hintereinander geschrieben *(Rollladen, Balletttänzerin).*

Der geheimnisvolle Eisberg |

Dass Eisberge eine Gefahr | für die Schifffahrt sind, | weiß man seit dem Jahr 1912, | als der größte Passagierdampfer der Welt, | die „Titanic“, | einen Eisberg rammte | und in den Wellen des Nordatlantiks versank. |

Eine besondere Begegnung mit einem Eisberg | soll vor vielen Jahren | die Besatzung eines Walfängers erlebt haben. | Der Kutter fuhr in Richtung Grönland | und außer Robben hatte man noch keine Tiere gesichtet, | als eines Morgens | kurz nach der Dämmerung | die Warnsirene pfiff. | Ein riesiger Eisberg kam auf sie zu. | Für ein schnelles Wendemanöver | war es zu spät, | ein Zusammenprall schien unvermeidlich. |

Plötzlich rannte ein Schiffsjunge, | ein wahrer Schnellläufer, | zum Schiffsbug, | steckte einen Pfeil in die Bordharpune, | zielte mit der Waffe auf den Eisberg | und feuerte das Geschoss ab. | Wie durch ein Wunder | konnte dies den Eisberg stilllegen. | Er schwenkte zur Seite | und blieb dann völlig ruhig im Wasser liegen. | Man erkannte das Rätsel | der unheimlichen Begegnung schnell: | Ein Wal | – eigentlich ein echter Schwimmmeister – | war mit dem Eisberg zusammengeprallt | und mit seinem Kopf | in einer Eisplatte stecken geblieben. | Er hatte gezappelt, gezerrt | und dabei seine neue „Kopfbedeckung“ | vor sich her geschoben.

184 Wörter

ck statt kk und tz statt zz

Soll der Buchstabe **k** verdoppelt werden, schreibt man im Deutschen **ck**. (Ausnahmen sind Fremdwörter wie *Sakko* oder *Mokka*.) Statt **zz** schreibt man meistens **tz** (Ausnahme z. B. *Pizza*).

Mehr Dreck |

Die Menschen in Europa und Amerika | werden immer schneller krank | und sind sehr anfällig für Allergien. | Ein englischer Arzt | hat sich zum Ziel **gesetzt**, | der Lösung dieses Problems | ein **Stück** näher zu kommen. | Das hat er | mit großem **Einsatz** geschafft. | Er hat eine Medizin gefunden, | die diese **Lücke** schließen soll. |

Doch nicht immer | hilft eine **Spritze** in die **Pobacke**. | Der Arzt glaubt außerdem, | dass die Menschen in der westlichen Welt | so empfindlich sind, | weil sie einfach nicht mehr ausreichend | mit **Schmutz** oder **Dreck** | in Berührung kommen. | Sie **putzen** ihre Wohnung | am liebsten jeden Tag. | Dabei **strecken** sie sich auch | nach der **letzten** Spinnwebe | an der **Zimmerdecke**. |

Das soll nun aber nicht heißen, | dass man den **Deckel** | jeder Mülltonne öffnen soll, | um darin herumzustöbern. | Man soll sich auch | nicht nach allem **bücken** | oder den **Dackel** des Nachbarn | **drücken** und küssen. | Aber man muss auch | kein **Fracksausen** haben, | wenn eine **Stechmücke** | auf dem Arm **hockt**. |

Man soll sich stattdessen | in aller Ruhe **setzen**, | gemütlich einen **Mokka** trinken | und die **Mücke** ignorieren.

171 Wörter

Konsonantenhäufung und Konsonantenverdopplung

Um zu zeigen, dass ein Vokal kurz gesprochen wird, wird der folgende Konsonant zum Beispiel verdoppelt. Manchmal folgen dem Vokal auch zwei oder mehrere unterschiedliche Konsonanten (↑ S. 56–59).
Wird ein Wort mit Doppelkonsonant geschrieben, so schreibt man auch alle verwandten Wörter mit Doppelkonsonant.

Ein aufregender Tag |

Endlich ist es so weit. | Felix sitzt mit den anderen Jungen | und Mädchen im Bus, | der sie zum Zeltplatz bringen soll. | Eine Woche zelten bei schönstem Sonnenschein! | Felix ist aufgeregt. | Er war noch nie so lange von zu Hause* weg, | und er weiß auch nicht so richtig, | was ihn in dieser Woche erwarten wird. |

Nach nur einer Stunde Fahrt | sind sie angekommen. | Die Zelte stehen schon. | Der Gruppenführer teilt den schnatternden Jugendlichen | ihre Zelte zu, | und sie beginnen, | es sich in ihnen gemütlich zu machen. | Dann erkunden sie die Gegend. | Nach dem Abendessen | kommt der spannendste Teil des Tages: | Die Flagge wird gehisst. | Die Jungen und Mädchen | platzieren mit vereinten Kräften | die riesige, bunte Fahne, | die sie mitgebracht haben, | auf einer kleinen Anhöhe ihres Zeltplatzes. | Dann werden die Nachtwachen eingeteilt. | Im Laufe der Woche | erwartet man nämlich ältere Jugendliche | aus ihrer Heimatstadt, | die versuchen werden, | die Fahne zu klauen. | Zum Ausklang | dieses ziemlich aufregenden ersten Tages | setzen sich alle gemütlich ans knisternde Lagerfeuer, | singen und erzählen sich Geschichten.

171 Wörter

* *auch:* zuhause

Küchenunglück |

Hannah will heute eine Suppe kochen. | Sie besorgt Fleisch, Gemüse und Kartoffeln, | schafft den allergrößten Topf | aus dem Keller herbei | und schnippelt alles klein. |

Plötzlich kracht es laut | in Mutters Arbeitszimmer. | Hannah lässt alles fallen | und stürmt schnell nach oben. | Dort steht ihr kleiner Bruder Tom | vor dem Lattenregal | und starrt seine Schwester betroffen an. | „Ich wollte nur | die neuen Bücher von Mama anschauen. | Als ich sie herunternehmen wollte, | ist das Ding zusammengebrochen.“ |

Mühsam baut Hannah mit Tom | das Regal wieder auf | und als sie beim Einräumen sind, | schnuppert sie misstrauisch. | Etwas stinkt. | Die Suppe! |

Die Haustür knarrt, | Vater steht im Flur und schnüffelt: | „Was ist denn hier angebrannt?“ | Unglücklich erzählt Hannah, | dass sie eine Suppe kochen wollte, | und die Geschichte mit dem Regal. | Vater, der inzwischen den Topf | von der Platte genommen hat, | lacht und meint: | „Tja, mein Schatz, | dieses Abendessen ist nicht mehr zu retten“, | und wirft es in die Tonne. | „Aber etwas müssen wir essen. | Im Kühlschrank sind Eier und Milch, | Zucker ist ebenfalls da. | Na, dann gibts eben Pfannkuchen!“ | Er kann ja eigentlich nicht kochen, | aber seine Pfannkuchen | sind der absolute Renner!

187 Wörter

Alle Phänomene der Schärfung auf einen Blick

Um die Kürze eines Vokals anzuzeigen, wird der folgende Konsonant oft verdoppelt. Statt **k** schreibt man aber nicht **kk,** sondern **ck.** Statt **z** schreibt man nicht **zz,** sondern **tz.**
Bei zusammengesetzten Wörtern treffen manchmal die Konsonantenverdopplung und ein gleicher Anfangskonsonant des folgenden Wortes aufeinander. Diese Wörter werden deshalb mit drei gleichen Konsonanten geschrieben.

Überfall in der Strumpffabrik |

Meldung der Hattenbacher Nachrichten |

Am Montag wurde die Strumpffabrik „Duftende Socke" | von fünf maskierten Männern überfallen. | Schnell stießen sie | die Verkäuferinnen zur Seite | und wollten die Kasse öffnen. | Weil aber die Schublade klemmte, | bedrohten sie eine der Angestellten | mit einem Messer. | Die bekam einen Asthmaanfall. | Röchelnd rang sie nach Luft, | erschrocken ließ der Räuber sie los | und starrte einen Moment | seine Kumpane an. | Diesen Moment nutzte der Strumpfmanager, | um drei der Männer | mit einem Pappplakat zu Fall zu bringen. | Geistesgegenwärtig setzten die Verkäuferinnen | die anderen beiden mit Dekorationsstücken außer Gefecht. | Gefesselt mit Damenstrümpfen | reihten die Überfallenen die Täter auf | und baten sie, vernünftig zu sein. | Besonnen rief der Geschäftsführer die Polizei an | und bat sie, | auch einen Rettungswagen mit Sauerstoffflasche | für seine asthmakranke Angestellte zu schicken. |

Der Prozess gegen die Täter | wird im Mai stattfinden. | Es wird damit gerechnet, | dass sie zu einer Haftstrafe verurteilt werden, | auch wenn sie zur Prozesssache nichts aussagen, | weil auf das Konto der Bande | auch drei Tankstellen- und zwei Ladenüberfälle gehen.

170 Wörter

Wilde Musik

Die Rockmusik hatte in den Sechzigerjahren* | ihren absoluten Höhepunkt erreicht. | Sie bestimmte das Lebensgefühl | einer ganzen Generation junger Leute. | Aus den meisten Jugendzimmern schallten und hämmerten | tagein, tagaus laute und schrille Töne, | die gehörig an den Nerven der Eltern und Nachbarn zerrten, | die diese Art von Musik | einfach als „Krach" bezeichneten | und sie am liebsten verboten gesehen hätten. | Aber nicht nur die Lautstärke war ungewohnt, | auch das Aussehen und das Verhalten der Musiker in der Öffentlichkeit | kannten weder Regeln noch Grenzen: | Sie hatten lange Haare, | zogen grellbunte Kleidung an | und streckten den Reportern auch schon mal die Zunge heraus | oder ließen sich nackt auf der Kloschüssel sitzend fotografieren. | Die Gesellschaft der Erwachsenen war geschockt, | Moralapostel hätten die „Gammler" | und „Hippies" am liebsten eingesperrt gesehen, | man witterte den Untergang des Abendlandes. |

Am schlimmsten empfanden die besorgten Eltern jedoch das, | was sich in unzähligen Rockkonzerten abspielte: | Die Hallen waren schon lange vor Konzertbeginn brechend voll. | Man hockte am Boden, rauchte, | trank und unterhielt sich. | Wenn dann plötzlich das Licht im Saal ausging, | die Scheinwerfer aufblitzten | und alles in ein buntes Lichtermeer von dunkelblau bis helllila tauchten, | sprangen die Leute wie von einer Hornisse gestochen auf, | drängelten sich nach vorne | und starrten wie gebannt auf die Bühne.

206 Wörter

*auch: sechziger Jahren

4 Gleich und ähnlich klingende Laute und Silben

4.1 Vokale

e und ä

Der Vokal **e** und der Umlaut **ä** klingen sehr ähnlich oder gleich *(Bäcker – lecker)*. Um zu unterscheiden, ob ein Wort mit **e** oder **ä** geschrieben wird, kann man sich merken: Die meisten Wörter mit **ä** lassen sich von einem Wort mit **a** ableiten *(kräftig – Kraft, Gelände – Land, jährlich – Jahr)*.

Wettkrähen |

Beim jährlichen Treffen | des Hähnchenzüchtervereins | gab es in diesem Jahr | einen Preis für den prächtigsten Hahn zu gewinnen. | Sieger sollte sein, | wer beim Wettkrähen am häufigsten und lautesten krähte | und den mächtigsten Kamm hätte. |

Die Kämme vieler Hähne | waren außerordentlich prächtig. | Und so kam es, | dass das Krähen ausschlaggebend sein sollte. |

Johann, der Pächter des größten Hofes, | und Hinnerk, Besitzer kleinerer Ländereien | in der Nähe des Wäldchens, versuchten, | ihre Hähne zum Krähen zu bewegen. | Dabei waren sie so auf den Gegner fixiert, | dass sie gar nicht merkten, | dass der Sieg | an den Hahn eines kleinen Mädchens ging. | Diese hatte ihren Hahn ständig gestreichelt, | statt ihn mit gehässigen Bemerkungen aufzustacheln, | was Johann und Hinnerk taten.

115 Wörter

eu und äu

Die Diphthonge **eu** und **äu** klingen gleich. Auch hier musst du nach verwandten Wörtern suchen, meist gibt es zu Wörtern mit **äu** auch ein Wort mit **au** *(Häuptling – Haupt, Däumling – Daumen).*

Die schlaue Bäuerin |

Eines Nachts hörte die Bäuerin Geräusche, | die nicht aus dem Hauptgebäude, | sondern von den Ställen kamen. | Sie nahm den Leuchter | und ging schleunigst in diese Richtung. | An Ungeheuer glaubte sie nicht | (sie war ja nicht abergläubisch), | aber von den Mäusen | konnte der Krach nicht kommen. |

Sie ging vorbei | an den neu gepflanzten Bäumchen | und versäumte nicht, | nach möglichen Räubern | im Tischlerschuppen zu schauen, | als plötzlich auch die Pferde scheuten. | Es schien, | als fingen alle Tiere auf einmal an zu meutern. | Äußerlich war immer noch nichts zu sehen, | aber da roch sie es: | Es war keine Fäulnis, | sondern im Stall | hatte es angefangen zu brennen | und der Qualm war bereits | in die Nebenräume gezogen. | Die Tiere hatten das Feuer also | frühzeitig bemerkt | und deshalb die Geräusche | von sich gegeben: | Alles wieherte, quiekte, | schrie, keuchte. |

Die Bäuerin ließ die Feuerglocken läuten, | denn so waren die Bräuche. | Sie selbst schleuderte alles von sich, | füllte herumliegende Beutel mit Wasser | und begann zu löschen. | Bis die Feuerwehrleute ankamen, | hatte sie alles gelöscht, | nur der Schweinestall | war ziemlich ausgeräuchert.

176 Wörter

e und ä, eu und äu auf einen Blick

Man schreibt ein Wort mit **ä,** wenn es sich von einem Wort mit **a** ableiten lässt (↑ S. 64 f.). Mit **äu** schreibt man ein Wort, wenn man ein anderes Wort mit **au** ableiten kann. Die meisten anderen Wörter schreibt man mit **e** oder mit **eu.** Bei einigen Wörtern wie *Geländer, Säule, Knäuel* helfen keine Ableitungen. Diese Wörter muss man sich merken.

Die Tugend der Verschwendung |

Alle reden vom Sparen. | Fast schon als Säugling bekommt man eingebläut, | dass es eine Schande ist, Geld zu vergeuden. | Doch nicht überall wurden die Reichtümer so ängstlich gehortet. | Die Indianerstämme an Nordamerikas Westküste hatten den Brauch, | Gäste möglichst aufwendig zu beschenken. | Dieser äußerst teure Brauch heißt Potlatsch. |

„Unser Häuptling beschämt die Leute, | indem er sie überschwänglich beschenkt“, | erklärte 1925 ein Indianer einem Forscher. | Je teurer die Gäste beschenkt wurden, | desto kräftiger stieg das Ansehen. | Gegeben wurde nicht in der Erwartung, etwas zurückzubekommen. | Im Gegenteil: | Gerade wenn es den Gästen nicht gelang, | den Potlatsch zu erwidern, galt er als erfolgreich. |

Für diese Anlässe wurden häufig besondere Häuser gebaut. | Ein beschenkter Häuptling versuchte, | sich seinerseits mit noch prächtigeren Geschenken zu rächen. | Man ging sogar so weit, | ausgewählte Kostbarkeiten vor den Augen der Gäste zu vernichten. | In unserer Kultur dagegen schlägt Künstlern, | die Geld verbrennen oder von einem Hochhaus werfen wollen, | nur ungläubiges Staunen oder sogar unbändige Verärgerung entgegen. | Das endet auch schon mal in Meuterei, | denn Reue zeigen die Künstler nicht, | wenn die Leute sich zusammenknäulen und sich wie die Räuber | um das Geld schlagen.

187 Wörter

ei und ai

Die Diphthonge **ei** und **ai** werden gleich ausgesprochen. Mit **ai** schreibt man allerdings nur wenige Wörter. In Fremdwörtern taucht der Diphthong **ai** aber häufiger auf; er wird dort in der Regel jedoch anders ausgesprochen. In ganz wenigen Fällen entscheiden allein **ei** oder **ai** über die Bedeutung eines Wortes *(Seite – Saite, Weise – Waise).*

Meike fliegt nach Thailand |

Seit ihre Eltern Meike gesagt haben, | dass sie den Maiurlaub in Thailand verbringen werden, | ist Meike ganz aufgeregt. | Sie war noch nie so weit weg | und ist noch nie so lange geflogen. | Je länger sie darüber nachdenkt, | desto nervöser wird sie. | Deshalb beschließt sie, | sich über das Urlaubsland zu informieren. |

Thailand liegt in Südostasien | und ist etwa 10 000 km von uns entfernt. | Im Golf von Thailand gibt es viele Inseln. | Meike freut sich schon | auf das Schwimmen im Meer | und hofft, | dass ihr kein Hai begegnet. |

Im Mai beginnt eigentlich die Regenzeit. | Im letzten Jahr | hat sogar ein Taifun | Teile von Thailand | unter Wasser gesetzt. |

Meikes Vater hat erzählt, | dass es in Thailand auch Tiere gibt, | die man bei uns nicht findet. | Exotische Vögel | oder Reptilien zum Beispiel. |

Meike ist schon ganz gespannt. | Was ihr sicher gefällt, | ist das Essen. | Sie liebt Reis und Gemüse | über alles | und ist sicher, | dass es ihr richtig gut schmecken wird. | Das wird ein Festmahl geben!

167 Wörter

4.2 Konsonanten

b und p

Viele Konsonanten im Deutschen klingen ähnlich, zum Beispiel **b** und **p.** Im Anlaut wird **b** weich gesprochen, **p** dagegen hart *(Bein, Pein).* Am Ende einer Silbe und am Wortende klingt **b** aber wie **p.** Wenn du das Wort verlängerst oder ein verwandtes Wort suchst, hörst du jedoch, ob **b** oder **p** geschrieben werden muss.

Aus dem Lokalteil |

Bei seinem gestrigen Einbruch | hat sich Richard R. besonders plump angestellt. | Er war in den Betrieb eingebrochen, | in dem er selbst arbeitete. | Als Grund gab er an, | er sei von seinem Meister | grob behandelt worden | und habe nie ein Lob bekommen. | Als ihm dann noch | die Tochter des Chefs einen Korb gab, | waren bei ihm alle Sicherungen durchgebrannt. | Mit einem schweren Eisenstab | hieb er auf alles in der Werkstatt ein. | Dabei war er nicht auf Raub aus, | schließlich sei er kein Dieb, meinte er. |

Zum Verhängnis wurde ihm, | dass er auf der Flucht | nicht nur mehrere Stoppschilder überfuhr, | sondern auch unglaublich schnell war. | So fiel er einer Polizeistreife auf. | Auf dem nassen Laub in der Ulmenallee | kam sein Auto dann ins Schleudern. | Als die Beamten ihn aus dem Wagen befreiten, | gab er sofort alles zu. | „Ich habe einfach den richtigen Maßstab verloren“, sagte er. | „Ich hab die Leni doch lieb.“

154 Wörter

d und t

Wie **b** und **p** (↑ S. 68) klingen auch **d** und **t** sehr ähnlich. Im Anlaut wird **d** weich gesprochen, **t** dagegen hart *(Dach, Tag)*. Am Ende einer Silbe und vor allem am Wortende sind **d** und **t** manchmal nicht zu unterscheiden. Wenn du das Wort verlängerst oder ein verwandtes Wort suchst, hörst du jedoch meistens, ob **d** oder **t** geschrieben werden muss *(Wand – Wände, kalt – Kälte)*.

Ist Fernsehen schlecht für Kinder? |

Seit Langem* besteht der Verdacht, | Fernsehen sei schlecht für ein Kind. | Mord und Gewalt, so sagen Kritiker, | werden so echt dargestellt, | dass viele nur noch schlecht | zwischen Spiel und Realität | unterscheiden können. | Es ist erwiesen, | dass gerade Kleinere alles glauben, | was sie sehen. | Filme, in denen das Recht erkämpft werden muss, | führen zu einem falschen Bild | von der Staatsgewalt. | Kein Polizist hat das Recht, | Menschen einfach kaltzumachen. | Und so einfach lässt sich im wahren Leben | eben nicht zwischen Gut und Schlecht unterscheiden. |

Soll man das Fernsehen deshalb direkt verbieten | oder sofort umschalten, | wenn es nicht nur um Rehe im Wald geht? | Auch das wäre schlecht. | Aber man sollte regelmäßig | über das Gesehene sprechen, | um den Blick für die Realität zu wahren.

125 Wörter

* *auch:* Seit langem

g und k

Neben **b** und **p** sowie **d** und **t** (↑ S. 68 f.) kann man auch **g** und **k** manchmal schlecht unterscheiden. Auch hier kannst du im Anlaut gut hören, dass **g** weich ausgesprochen wird, **k** dagegen hart *(Guss, Kuss)*. Im Wortinnern klingen **g** und **k** manchmal sehr ähnlich. Am Wortende sind sie beim Hören meist nicht zu unterscheiden *(Sarg, Park)*. Oft hilft es, wenn du die Mehrzahl bildest oder ein verwandtes Wort suchst.

Ein ängstlicher Riese |

Auch Tiere leiden in der Gefangenschaft. | Zwergwale und sogar Killerwale, | auch Orcas genannt, | die in den Vergnügungsparks dressiert werden, | werden unselbstständig. | Es ist ein Betrug an ihrer Art. |

In Freiheit fliegt der Orca voller Glück | über endlose Strecken durch das Wasser. | Orcas leben in Rudeln. | Ein erfahrener Orca | lehrt ein Jungtier viele Jagdtechniken, | sodass ihm Robben und Fische | auf einem Beutezug kaum entgehen können. | Orcas können sich untereinander verständigen. | Es gibt sogar unterschiedliche Dialekte. |

Wie sehr diese Fähigkeiten verkümmern, | zeigte der Versuch, | einen lange in Gefangenschaft lebenden Orca | auf einen Schlag freizulassen. | Der Orca war so an das Leben in künstlichen Becken, | die kaum größer als ein Teich waren, gewöhnt, | dass er Angst vor der dunklen Tiefe des Meeres hatte. | Er war kein richtiges Raubtier mehr, | sondern benahm sich wie ein Feigling. | Statt die Robben zu töten, | spielte er mit ihnen. | Auch die Sprache seiner Artgenossen hatte er verlernt | und schon nach zehn Minuten Schwimmen | hatte er genug | und war vollkommen aus der Puste.

167 Wörter

f, ph und v

Oft schreibt man den f-Laut tatsächlich mit **f.** In den meisten Wörtern, die ein **v** am Wortanfang oder am Wortende haben *(Vater, aktiv),* wird dieses aber auch wie ein **f** ausgesprochen sowie in einigen Wörtern, die ein **v** im Wortinnern haben *(Pulver, wundervoll, Larve).* In einigen Fremdwörtern schreibt man den f-Laut mit **ph** *(Phase, Katastrophe, Philosophie),* manche Fremdwörter lassen jedoch auch beide Schreibweisen zu *(Delfin/Delphin).* Bei einem dieser Fremdwörter ist nur noch die Schreibweise mit **f** zugelassen *(Telefon).*

Versunkene Legende |

Die Titanic war der größte Luxusdampfer seiner Zeit. | Als sie 1912 aus dem Hafen auslief, | verließ man sich | auf die weitverbreitete Annahme, | dass sie unsinkbar sei. | Es entsprach der Philosophie dieser Zeit, | dass der Mensch sich für unfehlbar hielt. | Es sprengte den Rahmen der menschlichen Fantasie* | und war unvorstellbar, | dass eine technische Meisterleistung versagen könnte. |

Die Katastrophe, | die in der Nacht zum 15. April geschah, | versetzte diesem Selbstverständnis der Menschen einen Dämpfer. | Ein Funker vergaß, | die Meldung über gefährliche Eisberge | an den Kapitän weiterzuleiten. | Das Schicksal nahm seinen Lauf, | und ein Eisberg bohrte sich in den Rumpf der Titanic. | Das Schiff versank in nur drei Stunden. | Alle Hilferufe waren vergebens. | Etwa 1500 Menschen verloren ihr Leben. |

Heute liegt der Ozeanriese | in 3800 Metern Tiefe | und ist das Objekt der Begierde | von Forschern und Souvenirjägern. | Die Verfilmung der Tragödie | wurde zu einem der größten Kinoerfolge.

146 Wörter

* *auch:* Phantasie

x-Laut

Im Deutschen gibt es verschiedene Schreibungen des gesprochenen x-Lautes: **ks, cks, gs, chs.** Sie lassen sich durch unser Gehör kaum unterscheiden. Feste Regeln gibt es nicht, allerdings kann es manchmal helfen, wenn du nach der Wortfamilie fragst, aus der das Wort stammt *(der Klecks – kleckern, anfangs – der Anfang).*

Die Geschichte vom frechen Dachs |

Es war einmal ein frecher Dachs, | der war bekannt dafür, | ein guter Verkäufer zu sein. | Er war viel unterwegs | und bereiste viele Länder. | So war es ihm gelungen, | einem Inuit einen Kühlschrank zu verkaufen. | Da traf er eine Eidechse | und erzählte ihr von seinen Erfolgen. | Die Eidechse sagte zu ihm: | „Du bist doch ein rechter Ochse, | aber noch lange kein schlauer Fuchs. | Erst wenn es dir gelingt, | einem Elch eine Gasmaske zu verkaufen, | kannst du dich als guten Verkäufer rühmen.“ |

Geradewegs fuhr er nach Norden | und bot den Elchen seine Gasmasken an. | Anfangs tat er sich schwer, | denn die Elche zuckten nur die Achseln | und zogen weiter. | Dann hatte er eine Idee. | Alles war ein Klacks: | Er baute flugs eine Fabrik, | aus der werktags Qualm aufstieg. | Tags darauf kamen die Elche zu ihm | und rissen ihm die Gasmasken aus den Händen. | Auf die Frage, was er in seiner Fabrik mache, | antwortete der Dachs: „Gasmasken.“

159 Wörter

Gleich und ähnlich klingende Konsonanten

Auf den Seiten 68 bis 70 kannst du nachlesen, wie du die gleich und ähnlich klingenden Konsonanten **b** und **p, d** und **t, g** und **k** am besten unterscheiden kannst. Vor allem am Ende des Wortes hört man oft keinen Unterschied. Oft hilft es, wenn du ein verwandtes Wort suchst. Das kannst du mit diesem Diktat üben.

Der lange Weg zum Erfolg |

Der Lebensweg der schottischen Kinderbuchautorin | Joanne K. Rowling | hört sich an wie ein Märchen. | Als sie ihr erstes Buch schrieb, | hatte die junge Frau kaum Geld. | Die Wohnung war im Winter so kalt, |dass sie mit ihrem Kind durch die Straßen lief, | um sich durch Bewegung etwas aufzuwärmen. |

Nachdem sie ihren ersten Roman geschrieben hatte, | hörte ihr Leid noch nicht auf. | Neun Verleger fanden kein Lob für das Manuskript. | Sie schrieben Absagen, | die sehr plump waren. | Doch die Autorin gab nicht auf | und der zehnte Verlag nahm ihr Buch an. |

Heute sind ihre Bücher | bereits in mehr als zwanzig Sprachen übersetzt. | Harry Potter heißt ihr Held. | Seine Kindheit ist hart. | Denn er ist ein Waisenkind und muss erkennen, | dass viele Menschen nicht sehr klug sind | und meistens dumme Regeln brauchen, | um einen Halt zu haben. |

Harry entkommt dieser Welt mit einem Schlag, | als er entdeckt, dass er Zauberer ist. | Dadurch öffnet sich ihm eine andere Welt. | Doch auch dort muss Harry darauf achten, | wer Freund oder Feind ist.

173 Wörter

4.3 Silben und Wörter

-ig und -lich

Die Endungen **-ig, -lich** sind lautlich schwer zu unterscheiden. Im Zweifelsfall kann es allerdings helfen, wenn du das Wort verlängerst oder an ein Substantiv anpasst *(geizig – der geizige Mann, herzlich – die herzliche Mutter).*

Pinocchios Abenteuer |

Pinocchio, so heißt die lebendig gewordene Holzpuppe, | die der italienische Schriftsteller Carlo Collodi | im 19. Jahrhundert schuf. | Die Geschichte ist herrlich. | Durch sie hat sich der Autor | in die Erinnerung unzähliger Kinder eingeschrieben. |

Pinocchio hat einen armen, | aber herzlichen Vater. | Eigentlich ist er nicht sein Vater, | sondern sein Schöpfer, | denn er schnitzte seinen Sohn | aus einem Stück Holz. | Er gibt für diesen Sohn | sein letztes Hemd, | doch Pinocchio ist vergesslich | und so beginnt er seine Abenteuer, | ohne an seinen häuslichen Vater zu denken. |

Diese menschliche Holzpuppe | macht sich hurtig auf die Suche nach ihrem Glück | und wird auf diesem Weg | mehrmals richtig diebisch übers Ohr gehauen. | Ein Fuchs und ein Kater | bringen Pinocchio schließlich | um seinen kläglichen Besitz. |

Endlich finden sich Vater und Sohn wieder. | Im riesigen Bauch eines Wales | begegnen sich die beiden | und fallen sich glücklich in die Arme. | Herzlich nimmt der Vater | den verlorenen Sohn wieder auf.

152 Wörter

Tod und tot

Bei den Wörtern *Tod* und *tot* hören sich das **d** bzw. **t** gleich an. Trotzdem gibt es Regeln, die dir helfen. **Substantive** werden meist mit **d** geschrieben *(Tod, Todesfall;* Ausnahme: *der Tote, Totgeburt, Totschlag).* **Zusammengesetzte Verben und davon abgeleitete Partizipien** werden meist mit *tot-* gebildet *(totlaufen, totgeärgert).* Das **Adjektiv** *tot* wird mit **t** geschrieben. **Zusammengesetzte Adjektive** werden meist mit *tod-* gebildet *(todkrank, todsicher).*

Die vielen Gesichter des Todes |

Der Tod hat nicht immer und überall | die gleiche Bedeutung. | Früher starben die Todgeweihten zu Hause | im Kreis von Verwandten und Freunden. | So wurde der Todkranke ständig betreut | und sogar nach seinem Ableben | gab es bis zur Beerdigung die Totenwache. | Zwar waren die Angehörigen todtraurig, | doch der Umgang mit dem Tod folgte festen Regeln. |

Seit dem 20. Jahrhundert wird der Tod | mehr und mehr aus dem Leben verbannt und totgeschwiegen. | Der Todeskampf findet heute in Krankenhäusern statt | und die Zeit wird totgeschlagen, | indem man dem Todeskandidaten vortäuscht, | dass der Tod heilbar und nicht todsicher sei. |

In allen Religionen spielt der Tod eine wichtige Rolle. | Im Christentum bedeutet der Tod | Erlösung von den Sünden. | Der Hinduismus betrachtet das Leben und den Tod als Kreislauf, | der sich erst totläuft, | wenn der Mensch diesen Zirkel der Wiedergeburten verlässt. | Der Buddhismus nennt die Auflösung des Ichs | den „großen Tod“; | für die Toten sind dann die Grenzen | zwischen dem Ich und der Welt aufgehoben. | Todesangst und Todesmut | sind also Antriebsfedern jeder Kultur.

172 Wörter

Stadt und statt

Die beiden Wörter **Stadt** und **statt** klingen gleich. Zusammengesetzte Wörter mit **Stadt-** haben immer etwas mit der Bedeutung *Stadt als größerer Ort* zu tun *(Stadtzentrum)*.
Bei Wörtern mit **statt** hilft es meistens, wenn man darauf achtet, ob sie etwas mit der Bedeutung *Platz, Stelle* zu tun haben *(Werkstatt)* oder mit der Bedeutung *stellvertretend für, anstelle (anstatt)*.

Ein Leben im Glashaus |

In der chilenischen Hauptstadt Santiago de Chile | wurde eine junge Schauspielerin berühmt, | weil sie in einem gläsernen Haus im Stadtzentrum wohnt. | Die junge Frau ist mittlerweile stadtbekannt. | Schon am Morgen versammeln sich applaudierende Männer | und zornige Ehefrauen aus allen Stadtteilen vor dem Haus, | um der Frau beim Duschen und Frühstücken zuzusehen. | Dann geht die Frau zu ihrer Arbeitsstätte, | um am Abend wieder in ihr stattliches, | aber absolut öffentliches Haus zurückzukehren. |

Es handelt sich dabei um eine künstlerische Aktion, | die zum Teil die Stadtverwaltung finanziert | und die sogar mit dem Segen des Staatspräsidenten stattfindet. | Dass dieser Aktion stattgegeben wurde, | ist für das eher prüde Chile sehr ungewöhnlich. | Die Künstler wollen die Menschen mit ihrem Projekt | zum Nachdenken über die Grenzen | zwischen öffentlichem und Privatleben bringen. |

Die Bevölkerung der Großstadt reagiert sehr unterschiedlich. | Manche finden die Idee genial. | Andere erklären die Aktion stattdessen | für nicht statthaft und empfehlen, | die junge Frau in die psychiatrische Abteilung des Stadtkrankenhauses einzuweisen.

160 Wörter

ent- und end-

Der Unterschied zwischen den beiden Vorsilben **ent-** und **end-** ist nicht zu hören. Aber es hilft dir, wenn du darüber nachdenkst, ob die Bedeutung des jeweiligen Wortes etwas mit *Ende* zu tun hat. Denn dann schreibt man es mit der Vorsilbe **end-**. Wörter mit der Vorsilbe **ent-** haben inhaltlich oft mit *wegnehmen*, *weggeben* oder *loswerden* zu tun.

Entdeckungsreisen |

Die Welt von heute ist klein geworden. | Entfernungen stellen keine entmutigenden Hindernisse mehr dar. | Aber das war nicht immer so. | Früher schien die Welt unendlich groß zu sein | und voll von entsetzlich fremden Ländern und Menschen. | Trotzdem entschieden sich Menschen schon immer dafür, | zu reisen und die Welt zu enträtseln. | Besonders bekannt sind die Entdecker der frühen Neuzeit. | So erreichte 1498 ein portugiesisches Schiff | unter Kapitän Vasco da Gama | nach beinahe endloser Fahrt Indien auf dem Seeweg. | Bereits 1492 hatte der berühmte Christoph Kolumbus dies versucht, | stattdessen aber eine der Bahamainseln entdeckt. | Das war nicht die Endstation seiner Reise, | er erreichte noch Kuba und Haiti. | Auf seiner dritten Reise von 1493 bis 1496 | betrat er schließlich den südamerikanischen Kontinent. |

Wie enttäuscht wäre er gewesen, | wenn er gewusst hätte, | dass er auf seiner vierten Reise Mittelamerika betrat. | Denn er wollte eigentlich immer einen Seeweg nach Indien finden. | Das Endergebnis der europäischen Lust am Entdecken | war allerdings die entmündigende | und entwürdigende Unterdrückung der Ureinwohner.

163 Wörter

wieder und wider

Die beiden Wörter **wieder** und **wider** klingen gleich. Besonders oft kommen sie in zusammengesetzten Wörtern vor *(wiederholen, widersprechen)*. Es hilft, wenn man auf den Inhalt der Wörter achtet: Wörter mit der Vorsilbe **wieder** haben mit *erneut, noch einmal* zu tun. Wörter mit der Vorsilbe **wider** haben etwas mit *gegen, zurück* zu tun.

Das königliche Spiel |

Schach ist ein uraltes Spiel | und übt auf einige Menschen einen unwiderstehlichen Reiz aus. | Im Schach gibt es so viele Möglichkeiten, | dass nicht einmal ein Computer sie alle wiedergeben kann. |

Manche Stellungen tauchen zwar immer wieder auf, | doch schon nach zehn Zügen | können viel mehr Stellungen entstanden sein, | als Menschen auf der Erde leben. | Der größte Widersacher des Schachspielers | sind also die unzähligen Möglichkeiten. | Ein etwas widersinniges indisches Sprichwort heißt: | Schach ist ein See, in dem eine Mücke baden | und ein Elefant ertrinken kann. |

Beim Schachspiel ist es wichtig, | die zentralen Felder zu erobern, | weil dort die Schlagkraft der Figuren am größten ist. | Wiederholung und stetiges Üben machen im Schach den Meister. | Widersprüchlich ist die Einschätzung des Schachspiels. | Für manche ist es ein Sport, | für andere eine Wissenschaft | und für wieder andere eine Kunst. |

Seit 1970 wird die Spielstärke eines Spielers | in einem Punktesystem wiedergegeben. | Das stieß allerdings auch auf Widerstand. | Ein Großmeister klagte widerwillig: | „Früher spielte ich gegen Menschen, | heute gegen Zahlen!“

166 Wörter

seid und seit

Um die beiden Wörter **seid** und **seit** unterscheiden zu können, musst du immer darauf achten, um welche Wortart es sich handelt: **Seit** ist eine **temporale Präposition** oder **Konjunktion** (sei**t** wie Zei**t**), während **seid** die **2. Person Plural des Verbs „sein“** ist.

Popband |

Seit die Popband „Die gesetzesgläubigen Halsabschneider“ | mit ihrem letzten Album wochenlang auf Platz eins der Hitparaden steht, | werden die Bandmitglieder als neue Helden der Musikszene gefeiert. | Unsere Zeitung führte ein Interview mit ihnen. |
„Wie fühlt ihr euch, seit ihr als Stars gefeiert werdet | und nun berühmt seid?“ | „Eigentlich hat sich noch nicht so viel geändert. | Aber diese große Popularität genießen wir ja erst seit Kurzem. | Ich hoffe dennoch, dass ich niemals den Satz hören muss: | Seit man euch feiert, seid ihr andere Menschen geworden.“ |

„Ihr denkt also, dass ihr auf dem Teppich geblieben seid, | seit ihr solchen Erfolg habt?“ | „Aber ja, ich denke, dass es erst problematisch wird, | wenn alle etwas von uns wollen und jeder sagt: | Ihr seid so oder so und müsst jetzt dies oder jenes tun.“ |
„Seid ihr eigentlich stolz auf eure Lieder?“ | „Nein, ich empfinde nur Stolz, | wenn ich jemanden auf der Straße eines unserer Lieder singen höre. | Seit ich denken kann, finde ich, | dass Musik eigentlich niemandem gehört. | Für mich sind unsere Lieder wie Kinder; | und wenn ich sie dann auf der Straße höre, denke ich: | Ihr seid jetzt erwachsen geworden.“

187 Wörter

5 Der s-Laut

5.1 s, ss oder ß?

Schreibung mit s

Nach einem Konsonanten steht immer nur ein einfaches **s** *(Hals, Erbse, Pinsel).* Ein einfaches **s** steht auch am Wortanfang *(Sinn, sieben, Salz).* Nach einem Vokal, Diphthong (Doppelvokal) oder Umlaut in der Wortmitte *(Hase, Gebläse, Reise)* kann ebenfalls ein einfaches **s** stehen.

Mona träumt |

Mona wollte vor die Stadt | auf eine große Wiese. | Dort hatte sie kürzlich | einige Hasen gesehen. | Doch Mona wurde müde | und ließ sich im Stadtpark | einfach in das Gras fallen. |

Die Sonne brannte vom Himmel. | Zum Glück hatte sie eine kurze Hose an. | Sie lag auf dem Rasen | und schaute hinauf zu den Wolken. | Anfangs stellte sie sich vor, | sie wäre auf eine einsame Insel gereist. | Sie träumte von der Insel | und stellte sich vor, | was sie dort sehen würde. |

Da waren viele Blumen, | vor allem Rosen. | Sie leuchteten in allen Farben. | Und natürlich gab es einen Sandstrand. | Sie spürte schon fast den weichen Sand | unter ihren Füßen. |

Doch dann erwachte Mona | aus ihrem Traum. | Sie hatte großen Durst. | An ihrem Hals spürte sie auch schon | einen leichten Sonnenbrand. | Schnell lief sie nach Hause.

136 Wörter

Reisefieber |

Ganz verrückt kann man werden, rasend. | Wenn man etwas sucht, | ist es mit Sicherheit nicht zur Stelle. | Wo befindet sich mein Reiseföhn? | Da vergeht einem ja der ganze Spaß! |

Mutter und Vater sind ganz nervös. | Nach sieben Jahren soll es zum ersten Mal | wieder in den Urlaub gehen. | Nach Casablanca! | Wenn schon Afrika, | dann wäre ich noch weiter | in den Süden geflogen. | Den Urwald hätte ich gern mal gesehen. | Stattdessen darf ich mir in Marokko | wohl einen Turban kaufen. | Und das nur, weil meine Eltern | den Film so kultig finden. |

Jetzt suchen sie auch noch ihre Pässe. | Dabei fliegen wir erst in zehn Tagen. | Dieser Ärger lohnt sich nicht, | riesige Aufregung und immer um nichts. |

Dass jetzt auch noch | unser DVD-Player kaputtgegangen ist, | muss echt nicht sein. | Den Film meiner Freundin Suse | hätte ich mir wirklich gern angeschaut. | Schön gruselig soll der sein. | Naja, vielleicht kann ich ihn | ja bei ihr anschauen. |

„Felix!“ | Oje, die wollen etwas von mir. | „Wo ist ...?“ | Nein, nicht schon wieder!

166 Wörter

Schreibung mit ß

Ein **ß** wird immer stimmlos (gezischt) ausgesprochen und kann nur nach einem langen Vokal oder einem Diphthong stehen *(Soße, Maß, außen, weiß)*. Wird der vorausgehende Vokal kurz gesprochen, kann kein **ß** stehen.
Manchmal kann nach langen Vokalen oder nach Diphthongen am Wortende auch das stimmlose einfache **s** stehen *(Pflaumenmus, Haus)*.

Leonie bummelt durch die Straßen |

Nachdem die Schule zu Ende war, | lief Leonie durch die Stadt. | Sie folgte zuerst den **Straßen**, | **ließ** sich dann zum **Spaß** einfach treiben. | **Schließlich** erreichte sie den Rand der **Großstadt**. | Hier war sie noch nie gewesen. | Es war sehr **heiß**, | deshalb ging sie einfach in einen Garten, | in dem gerade ein Rasensprenger lief. |

Plötzlich kam ein Hund auf sie zugerannt, | der sie **beißen** wollte. | Er schnappte nach ihrem **Fuß**, | erwischte allerdings nur ihre Hose | und versuchte, | diese zu **zerreißen**. | Zum Glück kam der Besitzer des Gartens herbeigelaufen. | Er stellte Leonie zur Rede: | „Was machst du denn | hier in meinem Garten? | Habt ihr denn keinen eigenen?“ | Leonie antwortete: | „Wenn wir einen Garten hätten, | würde ich dann durch die **Straßen** ziehen | und in fremde Gärten gehen?“ | Traurig und ohne **Abschiedsgruß** | rannte sie davon. |

Einige Tage später brachte sie | dem Besitzer des Gartens als Entschuldigung | ein Glas mit selbst gemachtem **Apfelmus** vorbei. | **Schließlich** ist es nicht in Ordnung, | einfach in fremde Gärten einzusteigen. | Dem **beißenden** Hund brachte sie | jedoch nichts mit.

173 Wörter

Fußball |

Mädchen spielen nicht Fußball, | sagen Linas Eltern. | Dabei hat der Sportverein Sangersheim | mehr Mädchen in der Fußballsparte als Jungs. | Die fahren lieber mit den Inlinern auf der Straße. |

Neulich hat Lina, | als den Jungs ein Ersatzspieler fehlte, | sogar ein Punktspiel als Linus mitgemacht. | Hannes erzählte, dass seine Mannschaft | wohl die Punkte des nächsten Spiels verlieren würde, | weil mindestens ein Spieler fehlte. | Draußen auf der Straße kam Lina die Idee, | als Junge dort mitzuspielen. | „Wehe, du schmeißt uns das Spiel“, | meinte der verblüffte Hannes. |

Am Samstag stand sie aber mit auf dem Platz. | Der Spielführer der gegnerischen Mannschaft | wollte gerade genüsslich in einen Apfel beißen, | als er bemerkte, dass Sangersheim | doch vollständig angetreten war. | Nach dem Anstoß befand sich der Ball | gleich in der gegnerischen Hälfte | und zu allem Überfluss sprach der Schiedsrichter | den Sangersheimern einen Freistoß zu. | Linus im gegnerischen Strafraum | bekam ihn auf den Fuß | und drehte den Ball in das Tor. | Es blieb bei diesem einen Tor | und die Sangersheimer feierten schließlich ihren Sieg.

167 Wörter

Schreibung mit ss

Nach einem kurzen Vokal folgt fast immer **ss** *(essen, der Fluss)*.
Einige wenige Wörter werden im Singular mit einfachem **s** geschrieben, obwohl ihnen ein kurzer Vokal vorausgeht *(Bus, Kürbis, Iltis)*. Die Pluralformen folgen allerdings wieder der Regel *(Busse, Kürbisse, Iltisse)*.
Die Nachsilbe (Suffix) **-nis** wird im Plural (Mehrzahl) zu **-nisse.**

Wenn Kinder das Sagen hätten ... |

Was sich alles ändern würde, | wenn Kinder den Lauf der Dinge bestimmen könnten, | zeigen die Ergebnisse | einer Umfrage unter Fünftklässlern. | Alles wäre natürlich besser, | wenn man nur endlich die Kinder | an die Macht lassen würde! |

Die Flüsse und Meere, | überhaupt die ganze Natur, | soll dann sauber sein. | Alle Menschen sollen etwas zu essen bekommen. | Doch nicht jeder käme in den Genuss von Vorteilen. | Einige Politiker sind nach Ansicht der Kinder überflüssig. | Und auch den Lehrern ginge es an den Kragen, | zumindest denen, | die zu viele Hausaufgaben stellen. | Denn Wissen allein | zählt bei Kindern nicht. | Und sie hassen stumpfsinnige Paukerei. |

Allerdings gibt es auch Kinder, | denen es gar nicht passt, | die Welt zu regieren. | So meint Simon, | dass er dann jedes Land regieren müsste. | Und das wäre ihm einfach zu viel Stress.

136 Wörter

Schreibung mit s, ss oder ß

Diese Regeln findest du auf den Seiten 80 bis 84: Nach kurzem Vokal folgt fast immer **ss**. Nach langem Vokal und Diphthong steht **s** oder **ß**. Nach Konsonanten und am Wortanfang steht immer nur **s**.

Mein Sessel |

Ich liebe meinen Sessel | vor dem Fernseher. | Er ist so gemütlich, | dass ich den ganzen Tag | darin verbringen könnte. | Das mache ich natürlich nicht, | denn ich weiß, | dass man auch Bewegung | und frische Luft braucht. |

Deshalb gehe ich oft raus, | um Fußball zu spielen | oder die Straße mit meinem Rennrad | unsicher zu machen. | Obwohl mir das alles | einen riesengroßen Spaß macht, | freue ich mich, | wenn ich nach Hause* komme | und mich in meinen Sessel | werfen kann. | Der ist so bequem, | das könnt ihr euch | überhaupt nicht vorstellen! |

Ich habe mein Lieblingsstück | von meinen Großeltern bekommen. | Diese haben sich | einen neuen Fernsehsessel gekauft, | einen, | der elektrisch verstellbar ist! | Das ist natürlich auch ziemlich gut, | aber ich brauche | diesen Schnickschnack nicht. | Ich bin ja noch so jung, | dass ich auf dem Sessel | herumrutschen kann, wie ich will. |

Das besonders Tolle | an meinem Lieblingssessel ist, | dass er schon völlig abgewetzt ist. | Manche würden das | vielleicht hässlich finden, | aber ich finde, | genau das | hat einen ganz besonderen Reiz!

166 Wörter

* *auch: nachhause*

Die vier Landstreicher – ein Kartentrick |

Lege dir bereits vor der Vorstellung | ein Kartenspiel zurecht. | Du musst wissen, | dass obenauf die vier Buben | mit dem Rücken nach oben liegen. | Stets müssen darauf dann noch | drei beliebige andere Karten liegen. | Nun nimmst du die sieben obersten Karten in die Hand, | fächerst die vier Buben auseinander | und zeigst sie vor. | Die drei anderen Karten | bleiben dahinter verborgen. | Nun heißt du die Besucher willkommen und beginnst: | „Das hier sind vier Landstreicher, | die abends in diesem Haus rasten wollen." | Hierauf schließt du den Kartenfächer | und legst ihn verdeckt obenauf. | Zuoberst liegen jetzt die drei Karten, | die hinter dem Fächer versteckt waren; | anschließend folgen die vier Buben. |

Jetzt erklärst du mit großem Genuss | die Einzelheiten des Einbruchs: | „Der erste Landstreicher steigt durch das Kellerfenster ein." | (Fasse die oberste Karte | und stoße sie unten in den Stapel!) | „Der zweite schließt mit einem Schlüssel das Haustürschloss auf." | (Schiebe die oben liegende Karte in den Stapel – | aber bloß nicht zwischen die restlichen Buben!) | „Der dritte geht leise und lautlos über den Rasen, | um eilends in den Speisesaal zu gelangen." | (Stecke die oben liegende Karte | wieder in die Stapelmitte.) | „Jetzt steigt der vierte aufs Hausdach, | um Schmiere zu stehen." | (Drehe die oberste Karte um | und lasse sie das Publikum sehen. | Es ist der erste der vier Buben. | Lege ihn auf den Stapel zurück!) | Da braust die Polizei heran. | Schleunigst rasen die Landstreicher auf das Hausdach. | Du nimmst die vier obersten Karten nacheinander ab und zeigst sie. | Es sind tatsächlich die vier Landstreicher.

252 Wörter

Schultheater |

Letzte Woche wollten wir in unserer Klasse | ein interessantes Theaterstück proben, | um es dann beim Schulfest | der versammelten Elternschaft vorzuspielen. | Das Stück hieß „Frankenstein operiert wieder" | und kam uns beim gemeinsamen Lesen sehr lustig vor. | Bei den Vorbereitungen | stießen wir aber auf eine Schwierigkeit: | Wir wussten nicht, | woher wir „echtes" Blut nehmen sollten. |

Anfangs experimentierten wir mit Ketchup, | merkten aber bald, dass er zu dickflüssig war | und eher wie Erdbeermus aussah. | Auch die Tomatenpaste aus Mutters Kühlschrank | löste bei uns keine Begeisterungsstürme aus | und so fassten wir den Entschluss, | unsere Klassenkasse zu plündern | und uns in einem Fachgeschäft | Theaterblut zu besorgen. | Das Fläschchen kostete nicht allzu viel | und so konnten wir uns von dem restlichen Geld | noch eine grässliche Frankensteinmaske aus Plastik kaufen. |

Bevor wir nun die erste Szene proben konnten, | wollten wir vorher noch unser „echtes" Blut testen. | Lea setzte sich in einen Sessel, | öffnete die Knöpfe am Ärmel ihrer Bluse | und ließ sich ein bisschen von der roten Soße | auf den Unterarm gießen. | Das „Blut" lief ihr am Arm herunter | und hinterließ auf dem weißen Stoff | einen schönen, wie echt aussehenden „Blutflecken". |

Wir waren alle begeistert von diesem Effekt | und Max gab Lea | als kleine Entschädigung für ihre schmutzige Bluse | einen schmatzenden Kuss auf die Backe.

208 Wörter

Schreibung mit ss oder ß

Die Regeln zu **ss** und **ß** kannst du auf den Seiten 80 und 82 bis 84 nachlesen. Hier kannst du die Schreibung der beiden Schreibweisen üben.

Herakles |

Zu den größten Helden der griechischen Mythologie | zählt Herakles, | dessen lateinischer Name Herkules lautet. | Schon als er in der Wiege lag, | sorgte er für grenzenloses Staunen, | als er zwei Schlangen erwürgte, | die ihn mit ihren Bissen töten wollten. | Noch gewaltiger wurde sein Ruhm | durch die zwölf Aufgaben, | die er lösen musste, | um in den Olymp, | die Wohnstatt der Götter, zu gelangen. |

Als Erstes wurde ihm die Aufgabe gestellt, | den Nemeischen Löwen zu töten. | Dem Fell dieses Tieres | konnte weder durch Bogenschüsse | noch durch Schwerthiebe Schaden zugefügt werden. | Trotzdem schoss Herakles alle seine Pfeile | auf die Bestie ab, | allerdings erfolglos. | Als auch sein Schwert versagte, | erwürgte er das Untier schließlich mit bloßen Händen. | Die zweite Prüfung verlangte von Herakles | die Ermordung der Hydra, | eines hässlichen Ungeheuers von hundeähnlicher Gestalt | und mit acht oder neun Schlangenköpfen. | Außerdem wusste man, | dass ihr Atem für Menschen tödlich war. |

Herakles näherte sich der Hydra | mit geschlossenem Mund. | Ohne gebissen zu werden, | gelang es ihm, | dem Untier einige Köpfe abzuschlagen. | Für jeden Kopf, den er abhackte, | wuchsen sofort zwei neue. | Erst als Herakles die Wurzeln | der abgeschlagenen Köpfe mit Feuer versengte, | gelang es ihm, | das Nachwachsen zu beenden | und die Hydra zu töten.

198 Wörter

Rassismus hält sich hartnäckig |

Der Begriff „Rasse“ bedeutete ursprünglich | „Geschlecht, Familie, Stamm“. | Im 18. Jahrhundert hieß man | die Untergruppen einer Tierart Rassen. | Im 19. Jahrhundert bewies der Naturwissenschaftler Charles Darwin, | dass die Evolution der verschiedenen Tierarten | auf dem Prinzip der natürlichen Auslese fußt. | Dieser Prozess führe dazu, | dass sich immer die Cleversten, Stärksten | und somit Überlebenstüchtigsten durchsetzen. |

Die oft missbrauchte Vorstellung, | dass es unter den Menschen überlegene und unterlegene „Rassen“ gibt, | ist schon älter. | Bereits während der Kolonialisierung der Welt | durch die europäischen Staaten seit dem 16. Jahrhundert | wurden die Eingeborenen der begehrten Länder | fälschlicherweise als minderwertige Wesen betrachtet. | Die sogenannte* weiße Rasse galt damals als naturgemäß überlegen. |

Seit dem 19. Jahrhundert wurde versucht, | unter- und überlegene Rassen | zum Beispiel durch das Messen des Kopfumfangs | wissenschaftlich zu definieren. | Alle diese Versuche scheiterten schließlich. | Ziel der Rassisten war es, die eigene, | vermeintlich überlegene Rasse aus der „Natur“ herzuleiten. |

Dass Rassismus bis heute leider immer noch eine Rolle spielt, | liegt daran, dass gesellschaftliche Außenseiter als Sündenböcke benutzt werden. | Unter dieser Rolle müssen häufig Ausländer, | Asylbewerber sowie ethnische und religiöse Minderheiten maßlos leiden.

180 Wörter

* *auch:* so genannte

5.2 das oder dass?

das

Das Wörtchen **das** mit einem **s** kann drei Aufgaben haben:
Es ist ein **Artikel** *(das Fahrrad).*
Es ist ein **Demonstrativpronomen.** *(Das gefällt mir gut.)*
Es ist ein **Relativpronomen.** *(Das Fahrrad, das auf dem Hof steht, ...)*

Was ist ein Unugunu? |

Das Unugunu ist ein Monster, | das von einem fernen Planeten | auf die Erde gekommen ist | und sich bei Tim und seinen Eltern einquartiert hat, | ohne diese um Erlaubnis zu fragen. | Das zeugt nicht gerade von guter Kinderstube! | Das Ungetüm sieht aus | wie ein großer, aufgeblasener Luftballon | mit Armen und Beinen. | Es sitzt den ganzen Tag | im bequemsten Sessel der Wohnung | und macht sich vor allem | durch fortwährendes Essen bemerkbar. | Das Unugunu kommandiert die gesamte Familie herum | und beschimpft sie dabei auch noch. | So kann es nicht weitergehen, | das kannst du dir denken. | Das Dumme ist nur, | dass das Unugunu ständig gelbe Wolken ausstößt, | wenn es Widerstand spürt. |

Tim ist im Laufe der Zeit | vom Verhalten des Ungetüms, | das ihn immer öfter an den Angeber | und Klassenanführer Ole erinnert, | ziemlich genervt. | Er schmiedet mit seinem Freund Jonas einen Plan, | um gegen das aufgeblasene Monster vorzugehen. | Ob es den beiden gelingt, | das Unugunu aus dem Haus zu treiben, | das kannst du in dem spannenden und lustigen Buch | mit dem Titel „Wenn ein Unugunu kommt“ nachlesen, | das die bekannte Kinderbuchautorin | Irina Korschunow | geschrieben hat.

185 Wörter

dass

Das Wörtchen **dass mit ss** ist eine **Konjunktion,** also ein Bindewort, das zwei Sätze miteinander verbindet. *(Es gefällt mir so gut, dass ich es ausleihen möchte.)* Merke dir: Vor **dass** muss man immer ein Komma setzen! Manchmal steht das Komma auch am Ende des Nebensatzes, wenn dieser dem Hauptsatz vorausgeht. *(Dass sich der Affe immer wieder am Ohr zupfte, das war lustig.)*

Das Spiel |

Eigentlich hatte Samira sich darauf gefreut, | dass ihr großer Bruder | mit ihr Tennis spielen wollte. | Sie hatte darauf gehofft, | dass er ihr die Bälle so zuspielen würde, | dass sie ihre Rückhand verbessern könnte. | Aber jetzt will er ein richtiges Spiel, | mit Sieger und Verlierer. |

Sie denkt, dass sie viel lieber mit ihm Tennis spielen will, | nicht gegen ihn. | Sie beschließt, dass ihr das Spiel so keinen Spaß macht, | dass sie dann lieber nach Hause gehen will. |

„Gut, dass du schon kommst“, sagt ihr Bruder. | „Dann können wir ja gleich anfangen!“ | Da bemerkt er, dass sie gar nicht umgezogen ist, | dass sie ihre Tasche in der Hand hat | und keinen Schläger. | „Dass ich ein richtiges Spiel mit dir machen soll, | gefällt mir nicht“, sagt Samira. | Da merkt er, | dass es ihr ernst ist. | Er fasst sich ein Herz und sagt: | „Wenn es dir nicht gefällt, | dass es Gewinner und Verlierer geben soll, | dann spielen wir eben einfach so.“ | Samira ist sehr froh, | dass ihr Bruder auch so mit ihr spielen will.

172 Wörter

das und dass

Wann man **das** oder **dass** schreibt, kannst du auf den Seiten 90 und 91 nachlesen. Außerdem kannst du dir Folgendes merken: **Das mit s** schreibt man immer, wenn man *ein, welches, dieses* oder *jenes* einsetzen kann. **Dass mit ss** schreibt man immer, wenn man kein anderes Wort einsetzen kann.

Murmel, das Murmeltier |

Die ersten Sonnenstrahlen waren für Murmel, | das dreijährige Murmeltier, das Zeichen, | seinen Winterschlaf zu beenden. | „Jetzt reicht es, mein Sohn“, | sagte sein Vater, „du bist alt genug, | dass du eine eigene Familie gründen kannst.“ |

„Aber Papi, das kann doch nicht dein Ernst sein. | Ich bin noch zu jung, | um allein leben zu können.“ | Murmel war entsetzt. | „Wer zu jung ist, das bestimme ich. | Und jetzt ist Schluss.“ | Papa Murmel war nicht mehr zu überreden. | Murmel machte sich davon. | „Wetten, dass ich im nächsten Winter | doch wieder in seiner Höhle schlafe?“ | Murmel war sich ziemlich sicher. |

Ein paar Tage blieb Murmel verschwunden. | Als er wieder auftauchte, | traute Papa Murmel seinen Augen kaum. | „Aber das ist doch Murmel. | Er hat sich so schwer verletzt, | dass er humpelt. | Murmel, mein Kleiner, was ist los?“ | „Ich habe es dir doch gesagt, Papa, | dass ich zu klein bin, | um allein in der Wildnis zu leben.“

153 Wörter

Das Mädchen, das bei den Wölfen lebte |

Ein sehr beeindruckendes Buch, | das von einem Mädchen handelt, | das mit einem Wolfsrudel zusammenlebt, | heißt „Julie von den Wölfen". | Das Inuitmädchen Julie flieht davor, | dass sie mit dem zurückgebliebenen Nachbarsjungen | verheiratet werden soll. | Damit beginnt das Abenteuer, | das sie in die Tundra | und zu einem Wolfsrudel führt. | Hier gelingt ihr das Kunststück, | dass sie das Verhalten der Wölfe erlernt. | Das macht es ihr möglich, | mit ihnen zusammenzuleben und zu überleben. | Sie lernt das Jagen nach Wolfsart | und das richtige Verhalten innerhalb des Rudels, | das vom jeweiligen Rang abhängig ist. |

Das Ende der Geschichte ist nicht so schön. | Julie erreicht zwar das Dorf, | in dem ihr Vater lebt, | aber sie muss erleben, dass das Wolfsrudel, | das sie so lange beschützt hat, | von Pelzjägern beschossen wird.

131 Wörter

dass

Manche Nebensätze (Konjunktionalsätze) werden mit **dass** eingeleitet. Die Konjunktion **dass** wird mit Doppel-s geschrieben (↑ S. 91).

Geschnappt |

Georg Gründlich überprüfte erneut seine Notizen. | Er war sich sicher, | dass irgendetwas nicht stimmte. | Hatte er nicht notiert, | dass der Greis zu Fuß | Richtung Bahnhof gegangen war? | Konnte es sein, | dass er sich geirrt hatte? | Es war doch noch nie passiert, | dass er einen Fehler gemacht hatte. | Sicher war doch, | dass nach 18 Uhr | kein Zug mehr in diesem Kaff hielt. | Nicht umsonst sagten die Leute, | dass sich hier Fuchs und Hase Gute Nacht sagen*. |

Dass jemand aber ohne Grund zum Bahnhof ging, | war unwahrscheinlich. | Schließlich hatte die Bahnhofskneipe | schon vor Jahren schließen müssen. | Und jeder wusste, | dass auch der Kiosk dichtmachte, | sobald der letzte Zug durchgerauscht war. | Jetzt war sich Georg Gründlich ziemlich sicher, | dass er die Lösung des Rätsels | am Bahnhof finden würde. |

Er begab sich so schnell dorthin, | dass sein Assistent ihm kaum folgen konnte. | Dass er am Bahnhof aber gleich Gelegenheit hatte, | neben dem verdächtigen Greis | auch noch zwei alte Bekannte zu verhaften, | hatte selbst Georg Gründlich nicht erwartet.

164 Wörter

* *auch:* gute Nacht sagen

das und dass

Das mit s kann drei Aufgaben haben. Du kannst sie auf Seite 90 nachlesen. **Dass mit ss** ist eine Konjunktion.

Das Computerzeitalter |

Dass der Computer mal | zu fast jedem Haushalt gehören würde, | das hat man sich | noch vor einigen Jahrzehnten nicht träumen lassen. | Das Ungetüm, das die amerikanische Marine | in den Vierzigerjahren des 20. Jahrhunderts Computer nannte, | nahm noch den Raum | von zwei großen Zimmern ein. | Erst durch den Einsatz von Mikrochips | konnte das Volumen der Computer verringert werden. |

Dadurch, dass immer mehr Computer | gebaut und gekauft werden, | konnte das Preis-Leistungs-Verhältnis | deutlich verbessert werden. | Kaum zu glauben, | dass Computer zu einer Zeit, | in der sonst alle Preise steigen, | immer billiger werden, | aber das verdanken wir | dem immer härter werdenden Konkurrenzkampf. |

Dieser Kampf zwischen den Computerherstellern führt dazu, | dass sich immer mehr Menschen | einen Computer leisten können. | Dass es Menschen gibt, | die keinen Computer besitzen, | das ist heutzutage die Ausnahme. |

Jetzt fehlt nur noch, | dass die Computer echte Intelligenz entwickeln. | Denn es ist zwar unumstritten, | dass uns die Rechner in Schnelligkeit | und Speicherkapazität weit überlegen sind. | Das menschliche Hirn ist ihnen | aber noch immer darin überlegen, | dass es kluge Fragen stellen kann, | während der Computer „nur“ Antworten gibt.

177 Wörter

das und dass

Die Schreibung von **das** oder **dass** hängt von der grammatischen Bedeutung dieser Wörter ab (↑ S. 90–95).
Das schreibt man, wenn es sich um einen bestimmten Artikel oder ein Pronomen handelt. Das kannst du dir auch so merken: **Das** schreibt man, wenn man *dieses, jenes* oder *welches* einsetzen kann.
Dass schreibt man, wenn es sich um eine Konjunktion handelt.

Das Leben – ein Traum? |

Dass das menschliche Innenleben | eine komplizierte Angelegenheit ist, | wusste man zwar schon lange, | doch erst der österreichische Arzt Sigmund Freud | systematisierte das Ganze. | Seine Lehre der Psychoanalyse | sorgte dafür, | dass er berühmt-berüchtigt wurde. |

Freud teilte die menschliche Psyche in drei Teile. | Das nach dem Lustprinzip arbeitende | Reich unserer Triebe | nannte er das Es. | Das Ich ist der an die Realität | gebundene Teil der Psyche. | Schließlich ist das Über-Ich dafür verantwortlich, | dass das Ich nicht nur das tut, | wozu das Es Lust hat. | Das Über-Ich ist die moralische Instanz | und also das Element der Psyche, | das dem Ich ein schlechtes Gewissen bereitet. |

Dem Ich wird das Leben noch dadurch erschwert, | dass ihm nur ein Teil bewusst ist. | Freud erforschte das, | was unter der Oberfläche des Bewusstseins brodelt. | Ganz schwer zugänglich fand er das Unbewusste, | das wir zu verdrängen versuchen, | weil es uns unangenehm ist. | Deshalb erforschte er auch die Träume seiner Patienten, | denn in ihnen sucht das Unbewusste | den Weg zum Bewusstsein.

165 Wörter

das, dass, ß und ss

Mit diesem Diktat kannst du üben, ob man **das** oder **dass** schreibt (↑ S. 90–96) und ob der s-Laut als **ss** oder **ß** (↑ S. 81 ff.) geschrieben wird.

Abenteuergeschichten |

Das 1884/85 erschienene Jugendbuch | „Huckleberry Finns Abenteuer" | des amerikanischen Schriftstellers Mark Twain | handelt vom todesmutigen, | lebensfrohen und aufgeschlossenen Jugendlichen Huckleberry Finn, | der sich zusammen mit dem entflohenen Sklaven Jim | auf eine aufregende Flussreise begibt. | Der manchmal etwas widerspenstige, aber sympathische Lausejunge | wächst allein in der Gosse auf, | doch plötzlich taucht Hucks gemeiner und missmutiger Vater auf | und entführt den Jungen. | Um dem abscheulichen Mann zu entkommen, | täuscht Huck seinen eigenen Tod vor | und flieht mit Jim auf den Mississippi, | um nicht entdeckt zu werden. | Das Floß, auf dem sie den Fluss hinuntertreiben, | haben sie selbst gebaut. | Auf ihrer Fahrt lernen sie das Leben in allen Ausprägungen kennen | und müssen häufig die verrücktesten Abenteuer bestehen. |

Zu Lebzeiten Mark Twains | war das Leben von Afroamerikanern wie Jim | in Amerika äußerst schlecht. | Selten wurde ihren Belangen stattgegeben, | und das Thema der Sklaverei wurde widersprüchlich diskutiert, | obwohl Sklavenhaltung seit dem Ende des Bürgerkrieges 1865 | endgültig abgeschafft war. | In seinem Buch, das zeitlich ein wenig früher spielt, | übt Mark Twain Kritik an der Gesellschaft. | Entsprechend wird Huck schnell klar, | dass Sklavenhaltung grässlich und ungerecht ist. | Auf seine Weise widersetzt er sich immer wieder | und kämpft für seinen Freund Jim.

195 Wörter

das und dass

Lies die Regeln auf den Seiten 90 bis 92, dann kannst du die folgenden beiden Diktate üben.

„Der Fliegende Holländer" |

Dass die Oper unter Jugendlichen | nicht allzu viele Fans hat, | das ist zwar eine Tatsache, | aber doch nicht so recht verständlich. | Wenn man sich nämlich die Inhaltsangabe vieler Werke ansieht, | erkennt man, dass sie nur oberflächlich betrachtet | von Königen, Helden, Fabelwesen oder Sagengestalten handeln | und dass sie bei genauerem Hinsehen oft so allgemeingültig* sind, | dass man sie ohne Weiteres* in die heutige Zeit übertragen kann, | dass sie also sehr modern sind. | Das Musikdrama „Der Fliegende Holländer" | von Richard Wagner ist solch ein Werk. |

Eine Inhaltsangabe könnte damit beginnen, | dass die Hauptfigur ein holländischer Seefahrer ist, | den vor langer Zeit sein Schicksal ereilt hat. | Damals war er mit seinem Schiff, das ein rotes Segel hatte, | auf hoher See und näherte sich gerade einem Kap, | als das Wetter umschlug und er in einen heftigen Sturm geriet. |

Der furchtlose Kapitän schwor aber bei allen Teufeln, | dass er das Kap umschiffen wolle, | und sollte er auch bis zum Jüngsten Tag segeln müssen. | Der Teufel nahm ihn beim Wort und verdammte ihn dazu, | dass er und seine Mannschaft bis zum Jüngsten Gericht | mit ihrem gespenstisch aussehenden Schiff umherirren müssten, | es sei denn, dass der Holländer ein Weib fände, | das ihn durch seine Treue erlösen würde. | Dazu dürfe er alle sieben Jahre an Land gehen und heiraten. | Trotz vieler Versuche | hat er das treue Eheweib bisher aber noch nicht gefunden.

226 Wörter

*auch: allgemein gültig · ohne weiteres

Was für ein Piratenleben! |

Das Leben eines Piraten stellen wir uns abenteuerlich | und wild, frei und ungebunden vor. | Und wir denken, dass ein Pirat | immer ein Feind von Gesetz und Ordnung ist. | Doch die Geschichte der Seeräuberei zeigt, | dass Schiffe auch im Auftrag einer Regierung gekapert wurden. |

Krieg führende* Staaten stellten sogenannte* Kaperbriefe aus, | die private bewaffnete Schiffe ermächtigten, | feindliche Handelsschiffe zu entern. | Kaperschiffe waren ein rechtmäßiges Kriegsmittel. | Manche Leute meinen, | dass das das Ende von Recht und Gesetz auf hoher See bedeutete. |

Spanien, das lange Zeit die mächtigste Flotte hatte, | wurde von den anderen europäischen Seemächten bekämpft, | indem sie Seefahrer durch Kaperbriefe zu legalen Freibeutern machten. | Dass das Leben als Seeräuber, das nicht selten am Galgen endete, | sogar einen Adelstitel einbringen konnte, | erfuhr der berühmte irische Freibeuter Henry Morgan. | Seine Raubzüge waren so erfolgreich, | dass er als größter Schrecken der Spanier galt. | 1682 wurde er daraufhin vom englischen König geadelt. |

Die Karriere eines Piraten begann nicht selten auf einem Schiff, | das von Seeräubern gekapert wurde. | Der Besatzung eines überfallenen Schiffes blieb oft nur die Wahl | zwischen Mitmachen oder dem Gang über die Planke. | Die Zustände auf Handels- und vor allem Kriegsschiffen waren häufig so schlecht, | dass die Seeleute das neue Piratendasein schließlich sogar bevorzugten.

205 Wörter

* *auch:* Kriegführende (im Satz: kriegführende) · so genannte

6 Fremdwörter

6.1 Einzelphänomene

Langes i

Das lange **i** wird normalerweise als **ie** oder **ieh** geschrieben. Bei Fremdwörtern kann das lang gesprochene **i** aber auch nur durch einfaches **i** markiert werden.

Krokodile sind an der Leine zu führen! |

Ein Blick in die Gesetze | ist immer wieder spannend, | denn darin werden Richtlinien | unseres Lebens festgelegt. | Die Justiz hat in den vielen Jahrhunderten ihrer Arbeit | eine Reihe von Stilblüten hervorgebracht, | die hier besehen werden sollen. |

So soll der Richter einem Tiger gleichen, | der griesgrämig auf seinem Richterstuhl sitzt. | Das Tier im Gesetzbuch | hat eine alte Tradition. | So findet sich noch heute | ein Abschnitt über „herrenlose Bienen" im Gesetzbuch. | Dort heißt es: „Zieht ein Bienenschwarm aus, | so wird er herrenlos, | wenn nicht der Eigentümer ihn verfolgt | oder wenn der Eigentümer die Verfolgung aufgibt." |

Überhaupt kann man feststellen: | Tiere sind keine Maschinen! | Und so ist es in einem Staat der USA verboten, | Fische betrunken zu machen. | In einem anderen Staat müssen Elefanten, | die privat gehalten werden, | an der Leine geführt werden. | Das soll nun in Deutschland auch für Krokodile gelten, | nachdem ein solches Tier | in einem Baggersee herrenlos geworden war.

155 Wörter

Alarm im Delfinarium* |

Durch den Ausfall der Wasseraustauschanlage | konnte seit Tagen kein frisches Wasser in das Delfinbecken* gelassen werden, | und die Tiere wurden zusehends schwächer. | Der herbeigerufene Tierarzt diagnostizierte eine Viruserkrankung, | gegen die es kein Medikament gibt. | Man kann nur die allgemeine Abwehr stärken, | indem man den Delfinen* verstärkt Vitamine zuführt. | Jetzt hatten die Pfleger ein Problem, | denn Mandarinen und Apfelsinen fressen die Kleinwale nicht ohne Weiteres*. | Für die ersten Tage konnte der Tierarzt Vitaminspritzen verabreichen. |

Als einer der Pfleger in der alten Remise | nach einem Ersatzteil suchte, | fand er eine mobile Zusatzpumpe. | Mit dieser Maschine konnte zumindest | ein minimaler Wasseraustausch gewährleistet werden. | Kaum spürten die Tiere das frische Meerwasser, | wurden sie auch schon lebhafter. | Inzwischen hatten die Bürger von Little Hamburg | von der Bedrohung der Delfine* und der defekten Turbinenanlage erfahren | und veranstalteten einen Basar*, | um dem Delfinarium* zu helfen. | Es wurde unter anderem Anchovispizza* verkauft. |

Nach zwei Monaten hatten die Delfine* die Viruserkrankung überwunden | und die Bürger hatten so viel Geld gespendet, | dass neue Turbinen gekauft werden konnten.

170 Wörter

*auch: Delphinarium · Delphinbecken · Delphinen · ohne weiteres · Delphine · Bazar · Delphinarium · Anschovispizza · Delphine

Typische Endungen

Typische Endungen von Fremdwörtern sind **-ive, -ition, -eur, -ieren, -age** und **-tion.** Viele Fremdwörter erscheinen sowohl in Verbform als auch in Form eines Substantivs oder mehrerer Substantive. Dabei kann sich eine Bedeutungsverschiebung ergeben *(montieren – Montage, Monteur; motivieren – Motiv, Motivation; redigieren – Redaktion, Redakteur).*

Redaktionskonferenz |

In Wismar trifft die **Redaktion** des Stadtanzeigers zusammen, | um wie immer in gemeinsamer Konferenz | die Zeitung des nächsten Tages zu planen. | Heute ist die **Motivation** im Keller, | weil die letzten Absatzzahlen katastrophale Ergebnisse zeigten | und ein großer schleswig-holsteinischer Verlag die Zeitung übernehmen möchte. | Der **Chefredakteur** versucht, seine Leute zu **motivieren**, | indem er ihnen mitteilt, | es sei noch nichts entschieden. |

Er lenkt die Aufmerksamkeit der **Redakteure** | also auf die Themen der Zeitung von morgen, | die zusammengestellt werden müssen. | Die Ausgabe soll auch früher als sonst **redigiert** werden, | da noch eine Betriebsversammlung stattfinden soll. |

Ein Problem gibt es allerdings noch: | Die **Monteure** an den Druckmaschinen | sind am Morgen in Streik getreten. | Sie hatten von der Übernahme der Zeitung | durch den schleswig-holsteinischen Verlag gehört | und hatten sofort **reagiert**. | Sie wollten zwar ihren Arbeitsplatz nicht **riskieren**, | wollten aber die Öffentlichkeit auf die Übernahme aufmerksam machen. | Ein eigens dafür **abkommandierter Redakteur** kümmert sich darum, | die **Monteure** schnell wieder an ihren Arbeitsplatz zurückzubringen.

158 Wörter

Extraausgabe |

Die Planung der Zeitung von morgen wird **diskutiert**. | Der **Chefredakteur** fragt, | was es an Themen gebe. | Es kommen verschiedene Vorschläge aus der **Redaktion**: | die Stilllegung der Museumsbahn mit **Dampflokomotive** – | die Molli genannte Eisenbahn, die mitten durch die Stadt führt, | ist außerordentlich beliebt, aber unwirtschaftlich; | die Arbeit der **Ingenieure**, | die für die Schiffbarkeit des Hafens verantwortlich sind; | ein Bericht über den **Monteur**, | der bei Bauarbeiten aus Versehen | den **Munitionsschrank** der Baufirma in die Luft jagte, | ohne dass jemand verletzt wurde. | Die **Deklaration** von Lebensmitteln – | für den Verbraucher zum Teil völlig undurchschaubar – | soll in der Wochenendbeilage erläutert werden. |

Da stürzt der Herausgeber der Zeitung in den Raum und teilt mit, | dass der schleswig-holsteinische Verlag von Springer kassiert worden ist, | was dem Stadtanzeiger zunächst weiter die Selbstständigkeit und **Eigeninitiative** ermöglicht, | zumal eine große Brauerei die Zeitung finanziell unterstützen will. | Sofort sind die **Redakteure**, Reporter und Fotografen wieder **motiviert** | und **hantieren**, **agieren**, laufen, | als seien alle Probleme aus der Welt geschafft.

158 Wörter

k statt ck

Nach kurzem Vokal wird häufig **ck** statt **k** geschrieben (↑ S. 59). Bei einigen Fremdwörtern schreibt man aber **k** statt **ck** *(Konfekt, Effekt, korrekt).*

Lehrer! |

Der erste große Konflikt zwischen Doktor Hasenfratz und dem Direktor | fand während der Projektwoche statt. | Hasenfratz wollte uns zum Abschluss zeigen, | wie man eine elektrisch betriebene Rakete baut. | Dies fand der Direktor absolut unkorrekt | und drohte dem Lehrer Disziplinarmaßnahmen an. | Das Produkt dieses Versuchs flog ohnehin nicht, | weil die Elektrospule defekt war. | Zum Trost spendierten wir Schüler unserem Lehrer eine Schachtel Konfekt, | denn durch den entstandenen Ärger kam der Rektor nicht dazu, | sich mit komplizierten Diktaten zu beschäftigen. |

Der nächste Ärger stand bei unserer Klassenfahrt an. | Doktor Hasenfratz wollte als begeisterter Höhlenkundler | mit uns die Laichinger Tiefenhöhle erkunden. | Stalaktiten und Stalagmiten statt Disco* und Hamburgerbuden! |

Der Direktor fand dies unverantwortlich, | weil Hasenfratz praktisch nicht für die Sicherheit der Schüler garantieren konnte. | Der Lehrer redete mit Engelszungen auf seinen Chef ein: | Es drohe keine Gefahr durch Insektenstiche, | kakofonische Musik oder sonstige Anfechtungen der Großstadt. | Also ging es doch auf die Schwäbische Alb, | wo wir wirklich nicht viel anstellen konnten, | schon weil wir den Dialekt nicht verstanden.

166 Wörter

* *auch:* Disko

Langes i, typische Endungen, k statt ck

Bei Fremdwörtern kann das lang gesprochene **i** auch durch einfaches **i** markiert werden (↑ S. 100).
Typische Endungen von Fremdwörtern sind **-ive, -ition, -eur, -ieren, -age** und **-tion** (↑ S. 102).
k nach kurzem Vokal wird häufig als **ck** geschrieben. Bei einigen Fremdwörtern schreibt man aber **k** statt **ck** (↑ S. 104).

Tolle Tage in Schwerin |

Am Donnerstag – Weiberfastnacht – | steigt um fünf die Feier für alle Schweriner | mit einer riesigen Polonaise* rund um das Schloss. | Die Menschenschlange bewegt sich zur leer geräumten* Produktionshalle der Pralinenfabrik, | wo örtliche Bands zum Tanz aufspielen. | Am Samstag ist die große Elferratssitzung, | wo lokale Größen ironisch ihr Fett abbekommen. | Am Sonntag zeigen sich die Masken auf dem Rathausplatz, | wo auch die originellsten Kostüme prämiert* werden. | Auf den Schöpfer der vom Elferrat ausgewählten Konfektform, Architekt Scheffhus, | wird am Rosenmontag | eine zum Delfin* aus Gelee passende Laudatio gehalten. | Diese Veranstaltung geht nahtlos in den großen Faschingsball über, | der bis Dienstag früh* dauert. | Aus der Abfüllanlage sprudeln Bier und Wein, | die Schokoladenwannen sind mit Limonade gefüllt. | Das Festessen erfüllt auch den Ingenieuren und Monteuren | den einen oder anderen Wunsch. | Ermöglicht wird eine solche Feier nur durch Sponsoren, | die auch auf internationalem Parkett agieren, | wie der Direktor stolz erzählt. | Er wird als Korsar dieses Jahr | das Festessen nicht gerade entern, aber eröffnen. |

Hoffentlich wird diese ausgelassene Feier | auch in Zukunft zu den unumstößlichen Institutionen | der Landeshauptstadt gehören.

176 Wörter

* *auch:* Polonäse · leergeräumten · prämiiert · Delphin · Früh

6.2 Fremdwörter aus verschiedenen Sprachen

Fremdwörter aus dem Englischen

Bei der Schreibung von Fremdwörtern aus dem Englischen kann man sich manchmal an folgenden Regeln orientieren: **ee** und **ea** stehen für lang gesprochenes **i** *(Teenager, Jeep, Spleen, Team, Jeans, Freak)*, **y** steht für gesprochenes **ei** *(Byte, Recycling, bye-bye)*, **i** steht für gesprochenes **ei** *(Highlight, Design)*.

Chillen und mehr |

„Kommt ihr heute Nachmittag | zu mir zum Chillen?“, | ruft Elias seinen Freunden Niklas, | Johanna und Sarah zu. | „Kann nicht, | ich geh gleich nach der Schule | zum Hip-Hop*“, | antwortet Johanna. | „Und ich geh mit einer Freundin | Inliner fahren“, | ruft Sarah. | „Ich komme!“, sagt Niklas. |

Am Nachmittag bei Elias | schalten die beiden Freunde zuerst einmal | den CD-Player auf volle Lautstärke. | „Was machen wir?“, | fragt Elias. | „Lass uns mal ins Internet gehen | und ein bisschen chatten!“ | Im Chatroom treffen sie auf Klassenkameraden, | mit denen sie sich eine Weile unterhalten. | Dann wird es ihnen langweilig. |

„Ich hätte Lust zum Shoppen!“, | meint Niklas plötzlich. | „Prima Idee, | lass uns in die City fahren | und ein bisschen bummeln.“ | In der Innenstadt sehen sie sich | die neueste* Kollektion der Tablets an, | die ein sehr großes Display haben. | Dann bleiben sie bei einem Amerikaner stehen, | der auf der Straße Breakdance tanzt. | „Cool“, staunt Elias, | „das will ich auch können!“ |

Gegen Ende des Nachmittags | gönnen sie sich noch einen Cheeseburger beim Schnellimbiss, | dann fahren sie nach Hause.

170 Wörter

* *auch:* Hiphop · neuste

Fremdwörter aus dem Französischen

Es gibt bei der Fremdwortschreibung keine verbindliche Regel. Zum Teil ist eine deutsche Schreibweise akzeptiert *(Frisör* statt *Friseur, Nessessär* statt *Necessaire).* In diesen Fällen kann man sich aussuchen, wie man schreiben will. Daneben gibt es Wörter, die (noch) nicht eingedeutscht sind *(z.B. Ingenieur).* Ihre Schreibung muss man sich gut einprägen.

Ein Tag in Paris |

Pia fährt mit ihrer Familie | mit dem Schnellzug nach Paris. | Bald sind sie da. | Eine halbe Stunde später | stehen sie mitten in der Großstadt. | Es wimmelt von **Touristen** – | natürlich, der Sommer gehört zur **Hauptsaison**. | Da alle Hunger haben, | setzen sie sich erst einmal in ein **Bistro** | und bestellen **Baguette** und **Kaffee**. |

Danach geht es los: | Sie lösen ein Busticket in einem **Etagenbus** | und fahren durch Paris. | Was es da alles zu sehen gibt: | bekannte Bauwerke, | ein schönes **Palais** nach dem anderen, | wunderschöne **Boulevards** mit **Boutiquen**, | die **Haute Couture** verkaufen. | „Paris hat schon **Flair**“, | denkt Pia sehnsüchtig. |

Als sie wieder aussteigen, | ist die Familie schon ganz begeistert | von der Hauptstadt. | Da sie nur noch wenige Stunden Zeit haben, | äußert jeder seine Wünsche: | „Ich will unbedingt zum **Coiffeur**“, | sagt die Mutter. | „Ich möchte noch eine französische **Bouillon** essen“, | fordert der Vater. | Pias Bruder möchte unbedingt Limonade trinken. | Und Pia? | „Ich würde gerne in einer **Limousine** | mit einem **livrierten Chauffeur** | die **Alleen** entlangfahren“, | wünscht sie sich verträumt.

168 Wörter

Fremdwörter aus dem Französischen

Fremdwörter aus dem Französischen (↑ S. 107) stammen häufig aus den Bereichen Mode, Kultur und Gastronomie. Bei der Schreibung von Fremdwörtern aus dem Französischen kann man sich an folgenden Regeln orientieren: **ou** wird wie **u** gesprochen *(Souvenir, Cousine)*, **ai** spricht man ähnlich wie **ä** *(Palais, Saison)*, **ill** wie **lj/ij** *(Medaille, Taille)*, **eu** wie **ö** *(Dompteur, Ingenieur)*, **g** manchmal wie **sch** *(Garage, Passagier)*.

Feine Küche |

„Alles eine Soße*“, | schimpfte der Küchenchef. | „Ich möchte einmal die Chance haben, | dieses Restaurant auf einem hohen Niveau zu führen. | Dazu brauche ich engagierte und fähige Mitarbeiter!“ |

Der junge Mann an der Spülmaschine sah sich um: | Im Entree, das ist der Eingang, stand, | gelangweilt und in ein Fußballmagazin vertieft, | der Sommelier, das ist ein Weinkellner. | Sein billiges Parfüm* roch man bis in die Küche. | Der Oberkellner sortierte gerade | die faulen Orangen aus dem Obstwagen, | während die anderen Kellnerinnen sich auf der Toilette verabredet hatten. |

Die Saison hatte gerade angefangen | und nichts funktionierte. | Die Jalousien vor den Fenstern | hingen schief in ihren Führungen, | die Kasse druckte nur unleserliche Coupons* aus, | im Kühlwagen schmolz die Nugatcreme* | und der Jungkoch hatte gerade die Mayonnaise* mit Bravour* gerührt, | sodass* sie geronnen war, | in der Fritteuse müffelte das Fett – | aber die Kundschaft der Autobahnraststätte störte sich nicht daran. | Hauptsache, das Portemonnaie* wird gezückt und es wird gezahlt.

154 Wörter *auch:* Sauce · Parfum · Kupons · Nougatcreme, ...crème · Majonäse · Bravur · so dass · Portmonee

Fremdwörter aus dem Griechischen

Fremdwörter aus dem Griechischen stammen häufig aus den Bereichen Wissenschaft und Kultur. Sie werden häufig mit **ph** *(Alphabet, Prophet, Asphalt)*, **rh** *(Rheuma, Rhythmus, Rhapsodie)*, **th** *(Theke, Methode, Athlet)* oder **y** *(System, Sympathie, Tyrann)* geschrieben.

Die Olympischen Spiele |

Die Olympischen Spiele | haben ihren Ursprung in Griechenland. |

Damals gab es nur ein Wettrennen | durch das Stadion. | Doch dann wurden die Spiele | immer größer und wichtiger. | Stellenweise dauerten sie fünf Tage | und umfassten neben Sportarten | wie Leichtathletik, Kraftsport und Reiten | auch andere Wettbewerbe, | zum Beispiel in der Rhythmik, Rhetorik | oder Dichtkunst. |

Die Spiele hatten einen theologischen Hintergrund, | sie waren dem Göttervater Zeus gewidmet. | Deshalb wurden sie mit einem Umzug | zum Zeustempel* eröffnet, | in dem die Athleten schwören mussten, | tolerant und fair zu spielen. | Die Sieger bekamen einen Kranz | aus Olivenzweigen und ein Stirnband. |

Heute finden die Olympischen Spiele | in verschiedenen Städten statt. | Sie sind sehr groß | und bekannt geworden. | Dadurch haben die Spiele | aber auch mit Schwierigkeiten zu kämpfen, | darunter Doping, Boykotte | oder Terrorismus. | Zur Eröffnung wird die Nationalhymne | des austragenden Landes gesungen. | Die Sportler, | die an den Wettbewerben teilnehmen, | sind immer sehr nervös, | da sie die Qualitäten der Konkurrenten kennen. | Wenn sie dann jedoch gewonnen haben, | kann man ihren Namen in den Büchern | vieler Bibliotheken lesen.

171 Wörter

* *auch:* Zeus-Tempel

Fremdwörter aus dem Lateinischen

Ein Teil unseres Wortschatzes stammt aus dem Lateinischen. Diese Wörter enden häufig auf **-ion** *(Stadion, Portion)*, **-ant** *(Konsonant, Demonstrant)*, **-al** *(Quartal, sozial)*, **-us** *(Radius, Exitus)*, **-tät** *(Fakultät, Qualität, Identität)*, **-um** *(Publikum, Petroleum)* oder **-or** *(Doktor, Korridor)*.

Immer diese Reformen! |

Wieder einmal haben sich Experten getroffen, | um in langen Diskussionen über die Reform des Schulsystems zu beraten. | Das ist schon das zweite Treffen der Expertenkommission | innerhalb dieses Quartals. | Ganz in der Tradition der bisherigen Treffen | findet die Diskussion auch dieses Mal in der Universität statt. |

Das Resultat der letzten Expertendiskussion | überzeugte in der Öffentlichkeit anfangs nur wenige. | Es kam sogar zu Demonstrationen gegen die ersten Entwürfe. | Diese stehen nun wieder zur Disposition. | Die Doktoren, Professoren und andere Persönlichkeiten | sind sich ihrer Verantwortung bewusst. | Die Majorität der Bevölkerung befürchtet aber, | dass auch bei diesem Treffen kein Ergebnis erzielt werden wird. | Vor allem die ältere Generation | glaubt nicht mehr an ein sozial verträgliches* Resultat. | Applaus für die Bemühungen der Kommission | wird es vorerst wohl keinen geben. |

Für nächste Woche wurde eine Demonstration | im Stadion des hiesigen Fußballvereins angekündigt. | Es werden circa* 1000 Demonstranten, | Querulanten, Schüler und Lehrer erwartet.

149 Wörter

auch: sozialverträgliches · zirka

Fremdwörter aus aller Welt

Schon immer wurden Begriffe aus anderen Sprachen übernommen, um bestimmte Dinge genau zu bezeichnen. Dies geschieht manchmal in der Politik *(Islam)* und sehr häufig beim Essen und Trinken *(Joghurt, Spaghetti, Sushi, Zaziki, Kebab).*

Multikulti |

Ich persönlich bin ja | absolut **multikulturell** eingestellt. | **Nasigoreng** esse ich ebenso gerne | wie **Makkaroni, Pizza** oder **Steak**. | Auch **Sushi** oder **Gyros** mit würzigem **Zaziki*** | stehen auf meinem Speiseplan, | nicht zu vergessen **Paella** und Wiener Schnitzel. | **Kardamom**, **Zimt**, **Safran** und **Kümmel** | sind für mich | nicht nur schöne Wörter. | Zum **Brunch** oder nach dem **Lunch** | dann einen **Mokka** oder **Espresso**, | und das Leben könnte nicht schöner sein. |
Mein Onkel hat mir | von einer Japanreise | einen **Kimono** mitgebracht. | Die gibt es dort in allen Farben, | und sie werden mit einem Gürtel zusammengehalten. |

Das Kleidungsstück ist ziemlich bequem, | da kann mein **Jogginganzug** nicht mithalten. | Sonst trage ich **Jeans** und **T-Shirts**, | im Winter **Sweatshirts**. | Bei jedem Wetter ziehe ich meine geliebten **Sneakers** an, | nur zum **Sport** trage ich Turnschuhe. | **Sport** ist mein **Hobby**, | ich spiele **Baseball** im Verein | und **Basketball** mit Freunden. | Neben meinem **Karatetraining** | beschäftige ich mich für mein Leben gerne | mit **Origami**. | Das ist die japanische Kunst des Papierfaltens. |

Ist euch nun klar, | weshalb ich mich für **multikulturell** halte?

167 Wörter

* *auch:* Tsatsiki

Fremdwörter aus aller Welt

Informationen zu Fremdwörtern aus verschiedenen Teilen der Welt findest du auf den Seiten 106 bis 111. Mit diesem Diktat kannst du die Schreibung von Fremdwörtern aus dem Englischen üben, mit dem Diktat auf Seite 113 Fremdwörter aus verschiedenen Sprachen.

Moderne Zeiten! |

Zugegeben, das Schwitzhemd klingt neben dem Sweatshirt geradezu abstoßend | und Baby klingt netter als Säugling. | Aber damit fängt es an: | Wir werden in Pampers gewickelt, | mit Shampoo wäscht man uns den Kopf | und man setzt uns einen Babysitter vor. | Und haben wir das Lollialter hinter uns, | sprayen wir uns gegen eventuelle unangenehme Körpergerüche. | Pullover und T-Shirt liegen in fast jedem Kleiderschrank, | die modischen Jeans lassen uns up to date erscheinen. |

Alle die besonders cool sein wollen, richten ihren Lifestyle | nach den neuesten Trends. | Das Smartphone schwingend, surfen wir durch das mobile World Wide Web | und posten Selfies im Internet. | Arbeiten können wir bequem zu Hause iwm Homeoffice. |

Brave new world, wenn es nur richtiges Englisch wäre | und nicht zum Teil auf das berüchtigte Lübke-Niveau absinken würde, | oder warum glauben sonst viele Deutsche, | dass die Briten unter der Hose Slips tragen und die Schotten nix?

144 Wörter

Der Krieg der Welten |

Der letzte Sonntag im Oktober 1938 | war für New York der schönste der gesamten Herbstsaison gewesen. | Den ganzen Tag hatte die Sonne geschienen | und der Abend versprach herrlich lau zu werden. | Um diesen Tag angemessen zu beenden, | hatte das Ehepaar Jones beschlossen, | zusammen mit seinen Kindern, den Teenagern Billy und Carol, | in ein Restaurant essen zu gehen. | Da Billy unbedingt eine Pizza essen wollte | und Carol Spaghetti* über alles liebte, | fiel die Wahl auf das „Napoli" im Zentrum der Stadt. |

Nachdem alle das Dinner genossen hatten | und so richtig satt und zufrieden auf ihren Stühlen saßen, | winkte Herr Jones dem Kellner an der Theke, | um noch einen Whisky* zu bestellen | und sich die Rechnung bringen zu lassen. | Im Radio lief gerade ein Klarinettenkonzert, | als die Musik plötzlich unterbrochen und eine aktuelle Reportage angesagt wurde. |

Der Barkeeper stellte sofort den Radioapparat lauter | und alle Gäste hörten gebannt zu, | als sich ein Reporter meldete, | der mit aufgeregter Stimme das Unfassbare berichtete: | Vor einer Stunde sei 20 Meilen nördlich von New York ein Flugkörper niedergegangen, | den eine Touristengruppe beobachtet | und zunächst für einen großen Meteoriten gehalten hatte. | Nachdem man sich der vermeintlichen Einschlagstelle genähert hatte, entdeckte man, | dass es sich in der Realität um ein riesiges Raumschiff | von einem anderen Planeten handelte, | das kurz zuvor hier gelandet war. | Immer mehr Schaulustige seien herbeigeeilt | und beobachteten nun fasziniert dieses Ufo. | Man warte gespannt darauf, | dass sich die intelligenten Wesen aus dem All endlich zeigen würden, | und man gehe davon aus, | dass sie sympathisch sein würden.

255 Wörter

* *auch:* Spagetti · Whiskey

7 Worttrennung am Zeilenende

7.1 Einheimische Wörter

Trennung nach Wortteilen und Sprechsilben

Komposita (zusammengesetzte Wörter) werden nach ihren einzelnen Teilen getrennt *(Tür-schloss, Ball-kleid).*
Mehrsilbige, nicht zusammengesetzte Wörter werden nach ihren Sprechsilben getrennt *(hel-fen, Sil-be, da-rauf, Him-mel).*
ck, ch, sch, ß, ph und **th** werden nicht getrennt *(Bä-cker, Dä-cher, Fla-sche, Grü-ße, Phos-phor, Ma-the).*

Fußballspiel |

Als das Fuß-ball-spiel fast he-rum war | und der Him-mel sich schon ver-fins-tert hat-te, | pfiff der Schieds-rich-ter Elf-me-ter. | Kath-rin, die bes-te Stür-me-rin auf dem Platz, | nahm die Ein-la-dung zum To-re-schie-ßen ger-ne an. |

Für sie war es kei-ne Fra-ge, | dass sie ein Tor er-zie-len wür-de. | Doch ih-re Mit-spie-le-rin-nen zit-ter-ten. | Sie wa-ren sehr ner-vös und sie konn-ten kaum hin-se-hen. | Man-che hiel-ten sich so-gar die Au-gen zu. |

Die Angst war je-doch grund-los. | Kath-rin täusch-te die Tor-frau der an-de-ren Mann-schaft | und schoss das Sie-ges-tor. | Da konn-te noch nicht ein-mal ih-re Trai-ne-rin me-ckern. | Kath-rin be-kam nach dem Spiel | so-gar ein Lob von der Trai-ne-rin, | weil sie den Elf-me-ter so ru-hig und ab-ge-klärt ge-schos-sen hat-te.

109 Wörter

Trennung von ck, st und tz

Bei der Silbentrennung gibt es ein paar schwierige Fälle:
ck kann nicht getrennt werden *(Dru-cker, dru-cken, Ste-cker, ste-cken)*!
st muss getrennt werden, wenn es nicht zu einem Wortbestandteil gehört *(Hus-ten, pus-ten, Kas-ten, bas-teln; Holz-stab, Ge-steck)* (↑ S. 116).
tz muss ebenfalls getrennt werden *(Kat-ze, Müt-ze)*.

Tier oder Gott |

Die Kat-ze ist für uns Menschen in Europa | heute ein put-ziges Haustier. | Doch sie war früher ein tü-ckischer Jäger, | der auf der Suche nach Beute | große Stre-cken zu-rück-legte. | Das Gebiss der meis-ten Kat-zen, | die übrigens den Raubtieren zugerechnet werden, | ist ausgezeichnet für das Schlagen von Beutetieren geeignet. | Manche Kat-zen haben diese Gewohnheit beibehalten | und ziehen nachts durch Straßen und Fel-der, | um mit den Tat-zen Mäuse zu fangen. |

Die Freundschaft zwischen Mensch und Kat-ze | begann in Ägypten. | Dort wurde dieser Jäger ins Haus ge-lockt und gezähmt. | Bei den Ägyptern waren Kat-zen außerdem heilig. | Sie galten als eine Erscheinungsform des Sonnengottes Re auf der Erde.

106 Wörter

Trennung von st

Die Trennung am Zeilenende erfolgt nach Sprechsilben. Auch die Konsonantenverbindung **st** kann nach dieser Regel getrennt werden (↑ S. 115). Die Konsonantenverbindung **st** tritt häufig an Wortfugen auf. Wenn eine Wortfuge getrennt wird, dann erfolgt die Trennung nach den ursprünglichen Wörtern *(Buch-stütze, Gast-stätte).*

Lehrer vergessen |

Auf der Rückfahrt von einer Klassenfahrt | hat eine Schülergruppe den Lehrer an einer Rast-stätte vergessen. | Der Pädagoge hatte sich zu dem von ihm angegebenen Abfahrts-termin | noch in der Gast-stätte aufgehalten. | Von der Haus-tür des Gebäudes aus | sah er noch den abfahrenden Reisebus. | Die Schüler bemerkten den Verlust allerdings nicht. |

Um sich zu trös-ten, | kehrte der Lehrer in die Gast-stätte zurück, | wo er ein Würst-chen zu sich nahm. | Leider hatte er seinen Geldbeutel in dem Bus vergessen. | So kam es auch noch zum Zwist mit dem Kassierer. |

Bei all der Aufregung bekam der Lehrer einen fürchterlichen Hus-ten | und wollte in seiner Wes-tentasche nach Hals-tabletten suchen. | Doch auch die Wes-te lag im Bus. | Das regte den Lehrer so auf, | dass er den Kassierer zur Seite schubs-te. | Dieser fiel hin, verletzte sich und schrie. | Nun fühlten sich auch die Gäs-te in der Rast-stätte beläs-tigt. |

Schließlich muss-te die Polizei den Fall aufnehmen. | Die Beamten verfolgten anschließend mit dem Lehrer die Schülergruppe.

159 Wörter

7.2 Fremdwörter

Trennung von Fremdwörtern

Fremdwörter können nach Sprechsilben getrennt werden. Einige Konsonantengruppen können aber auch ungetrennt bleiben, zum Beispiel verschiedene Konsonantengruppen mit einem **l** *(Pub-likum* oder *Pu-blikum)* oder einem **r** *(Feb-ruar* oder *Fe-bruar)* sowie die Konsonantenkombinationen **gn** und **kn** *(Mag-net* oder *Ma-gnet)*.
Stehen die Konsonantenverbindungen **ch, ph, rh, sh** und **th** für einen einfachen Laut, werden sie nicht getrennt.

Silvester in der Oper |

Gestern hat der In-ten-dant auf der Betriebsversammlung verkündet, | dass dieses Jahr eine Sil-ves-ter-fei-er mit Ball veranstaltet wird. | Alle Angestellten, auch die en-ga-gier-ten Sänger, | müssen sich bei der Vorbereitung beteiligen. |

Schon beim Verteilen der Aufgaben erhob sich Tumult: | Die Gar-de-ro-bie-ren* sollen Getränke und Ca-shew-nüs-se servieren, | die Vi-sa-gis-tin-nen sollen | als Ani-ma-teu-rin-nen die Gäste unterhalten, | während die Schauspieler in der Küche das Bü-fett* zubereiten sollen. | Der In-ten-dant selbst | wird sich als In-stal-la-teur der De-ko-ra-ti-on betätigen. | Die Fri-seu-re* und Fri-seu-rin-nen* sollen nach der Feier als Putz-ko-lon-ne aufräumen, | da am Neujahrstag eine Ma-ti-nee stattfinden wird. |

Es hagelte wütende Pro-tes-te, | bis der Di-rek-tor allen Anwesenden erklärte, | dass das Opernhaus schließen müsse, wenn es nicht in der Lage sei, | selbst neue Geldquellen aufzutreiben. | Spon-so-ren gebe es leider nicht. | Voller Iro-nie öffnete die Pri-ma-bal-le-ri-na ihr Porte-mon-naie* | und spendete einen Euro.

136 Wörter

* *auch:* Gar-de-ro-bi-eren · Buffet · Frisöre · Frisörinnen · Portmonee

8

Zeichensetzung

8.1 Satzschlusszeichen

Punkt

Ein Punkt steht am Ende eines abgeschlossenen und vollständigen Satzes, das heißt eines Satzes, der mindestens ein Subjekt und ein Prädikat enthält. *(Sie lernt.)*
Nach einer Überschrift steht kein Punkt.

Schauspieler gesucht |

Für das Theaterstück „Urmel aus dem Eis“ | werden noch Laiendarstellerinnen gesucht |

In der nächsten Spielzeit | soll an unserem Theater | das beliebte Kinderstück „Urmel aus dem Eis“ | aufgeführt werden. | Hast du nicht Lust, | in diesem Stück eine kleine Nebenrolle zu spielen? | Es müssen insgesamt | noch fünf Rollen besetzt werden. | Das Auswahlgespräch für die Besetzung der Rollen | findet am nächsten Dienstag | um 16 Uhr statt. | Wenn du Interesse hast, | schau einfach beim Theater vorbei. | Die Proben finden während der Woche | um 17 Uhr statt. |

Dort lernst du deinen Text | und wie du dich auf der Bühne bewegen musst. | Die erfahrenen Schauspieler | stehen dir mit guten Tipps zur Seite. | Du bekommst auch ein kleines Taschengeld. | Der eigentliche Lohn | ist allerdings der Applaus des Publikums.

123 Wörter

Fragezeichen

Fragen werden mit einem Fragezeichen abgeschlossen. Am Anfang einer Frage steht immer ein **Fragewort** (*wer, wie, was* usw.) oder die **konjugierte Form** (Personalform) **des Verbs.** *(Kommst du auch mit zum Baggersee?)*

Pläne |

Nachdem Sophie wieder zu Hause ist, | macht sie sich Gedanken über den nächsten Urlaub. | In ihrem Brief an Rania schreibt sie: |

Wie wärs*, wollen wir in den nächsten Sommerferien gemeinsam Urlaub machen? | Wenn ja, willst Du* dann wieder an die Nordsee? | Ich würde lieber in die Berge fahren. | Würden Deine* Eltern Dir* erlauben, | mit mir und meiner Familie in den Urlaub nach Österreich zu fahren? | Das würde bestimmt lustig. | Vor allem müsste ich dann nicht immer nur mit meinem Bruder spielen, | sondern hätte eine gute Freundin dabei, | mit der ich viel unternehmen könnte. | Hast Du* Lust dazu? | Dann melde Dich* doch bald bei mir, | damit wir es mit unseren Eltern besprechen können! |

Schaffst Du* es, mir noch in dieser Woche zu antworten? | Ich würde mich riesig freuen. |

Viele Grüße
Deine* Sophie

132 Wörter

*auch: wär's · du · deine · dir · du · dich · du · deine

Ausrufezeichen

Das Ausrufezeichen steht nach einem Aus- oder Zuruf, nach Aufforderungen, Befehlen und Anreden oder wenn eine Aussage hervorgehoben werden soll.

Großer Sportball |

Jubel, Trubel, Heiterkeit! | Der Jubiläumsball der Kickers Borussia | war ein voller Erfolg. | Zu Beginn des Abends | ergriff der erste Vorsitzende das Wort: | „Liebe Sportfreundinnen und Sportfreunde!“, | so rief er der Festgesellschaft zu. | „Heute Abend wollen wir miteinander feiern! | Erhebt eure Gläser | und trinkt mit mir auf viele weitere Siege | unseres erfolgreichen Vereins!“ |

Insgesamt waren etwa 250 Gäste | in die Festhalle gekommen, | darunter war sogar der Bürgermeister! | Die Musik der Gruppe „Harmonics“ | kam bei allen gut an. | Auch die Speisen und Getränke | sowie die liebevoll gestaltete Raumdekoration | fanden Anerkennung. | „Super! Klasse!“, | so äußerten sich viele der Anwesenden. | Die Stimmung war wirklich großartig. |

Als dann die erste Mannschaft der Kickers Borussia | ein Männerballett aufführte, | tobte der ganze Saal. | Die Zuschauer riefen immer wieder: „Zugabe, Zugabe!“ | So wurde die Festveranstaltung | wirklich zu einem vollen Erfolg | für alle Beteiligten. | Viele sagten: „Wir freuen uns schon | auf das nächste Jahr!“

147 Wörter

Satzschlusszeichen auf einen Blick

Ein Punkt steht am Ende eines abgeschlossenen und vollständigen Satzes (↑ S. 118).
Fragen werden mit einem Fragezeichen abgeschlossen (↑ S. 119).
Das Ausrufezeichen steht nach einem Aus- oder Zuruf, nach Aufforderungen, Befehlen und Anreden oder wenn eine Aussage hervorgehoben werden soll (↑ S. 120).

Ein super Ferienlager |

Das Zeltlager unserer Jugendgruppe | war auch in diesem Jahr wieder ein voller Erfolg. | Mehr als 40 Jungen und Mädchen | hatten sich zu Beginn der Sommerferien aufgemacht, | um nach Hellenthal zu fahren | und dort drei Wochen in einem Zeltlager zu verbringen. |

Schon die ersten Nachrichten, | die die Daheimgebliebenen aus der Eifel erhielten, | hörten sich sehr gut an. | Die Kinder, die natürlich nicht viel Zeit | zum Schreiben oder Telefonieren hatten, | begnügten sich mit ganz kurzen Nachrichten an ihre Eltern. | „Tolle Stimmung!", hieß es bei den einen, | „Super Wetter!" und | „Was will man mehr?", bei den anderen. |

Auch am Ende der Freizeit | waren alle Kinder noch sehr zufrieden | und als sie nach ihrer Heimkehr gefragt wurden: | „Was könnte man im nächsten Jahr besser machen?", | sagten die meisten: „Nichts, | alles war wirklich super!"

132 Wörter

8.2 Komma bei Aufzählungen

Glieder einer Aufzählung

Das Komma trennt die Glieder einer Aufzählung. *(Zu meinem Geburtstag kamen Peter, Uschi, Nicole.)* Kein Komma steht, wenn die Glieder der Aufzählung mit **und, oder, sowie** verbunden sind. *(Tick, Trick und Track sind die Neffen von Donald Duck.)*

Nachtisch: Haselnusspudding |

Zur Zubereitung von Haselnusspudding benötigt man: | 1 Ei, 120 g Zucker, | 3 Esslöffel Wasser, Salz, | abgeriebene Schale einer Orange, | Saft einer Orange, 50 g Mehl, | 50 g Stärkemehl, 1 gestrichenen Teelöffel Backpulver, | 150 g gemahlene Haselnüsse. |
Zuerst musst du das Eigelb | mit dem warmen Wasser cremig rühren, | danach gibst du die Hälfte des Zuckers, | eine Prise Salz, den Saft | und die abgeriebene Schale der Orange dazu. |

In einem anderen Gefäß | schlägst du das Eiweiß zu Schnee. | Den restlichen Zucker | gibst du nach und nach dazu | und dann vermischst du den Eischnee | mit der Eigelbmasse. | Danach mischst du das Backpulver | mit dem Mehl, dem Stärkemehl | und den gemahlenen Haselnüssen, | diese Mischung gibst du zu den anderen Zutaten. |
Alles wird vorsichtig verrührt | und der Teig wird in eine gefettete | und mit Semmelbröseln ausgestreute Puddingform gegeben. | Die geschlossene Form | wird ins Wasserbad gestellt | und bei mäßiger Hitze | in circa* 60 Minuten gegart. | Zum Schluss musst du die Form | unter kaltem Wasser abkühlen, | sie öffnen und den Pudding | auf einen Teller stürzen.

170 Wörter

*auch: zirka

Besonderheiten beim Komma bei Aufzählung

Zwischen Adjektiven, von denen das erste die folgende Fügung näher bestimmt, steht kein Komma *(die alte elektrische Eisenbahn)*. Die Adjektive sind in diesen Fällen nicht gleichrangig, man kann sie nicht problemlos umstellen.

Urlaub |

Für meinen Urlaub | habe ich den kleinen spanischen Sprachführer | und einen dicken spannenden Krimi eingepackt. | Der dünne spannende Krimi | würde für drei Wochen Urlaub nicht reichen. | Ich habe zwar noch den alten blauen Rucksack, | aber ich nehme lieber den neuen blauen Rucksack. |

Am Urlaubsort stelle ich fest, | dass ich meine alte verwaschene Jeans vergessen habe. | Auch die kurzen bunten T-Shirts | liegen noch zu Hause* im Schrank. | Stattdessen habe ich nur die neue rote Jeans eingepackt | und die einfarbigen Shirts mit langen Ärmeln. | Dann werde ich wohl gleich in der Stadt | schwarze, weiße und bunte T-Shirts | und Blusen kaufen müssen. |

Die durchgelaufenen grauen Turnschuhe habe ich dabei, | aber die guten schwarzen Schuhe für die Disco*, | den festlichen Abend | und die Geburtstagsfeier meines Vaters | fehlen mir jetzt. | Vielleicht finde ich in der Stadt | ein preiswertes neues Paar.

136 Wörter

* *auch:* zuhause · Disko

Besonderheiten beim Komma bei Aufzählung

Das Komma trennt die Glieder einer Aufzählung (↑ S. 122). Zwischen Adjektiven, die nicht gleichrangig sind und von denen das erste die folgende Fügung näher bestimmt, steht kein Komma (↑ S. 123).

Diebe |

Tim vermisst seine Fußballtasche. | Er schreibt gerade auf, | was alles darin war: | ein schönes(,) großes Badehandtuch, | zwei alte(,) zerfledderte Fußballzeitschriften, | das gut riechende Duschbad | und natürlich seine komplette Fußballausrüstung. |

Alle, | die er nach seiner Tasche fragt, | können ihm nicht weiterhelfen. | Philipp, Max und Julian | haben niemanden gesehen. | Er wendet sich auch an Martin, seinen Trainer. | Auch der kann ihm nicht weiterhelfen. | Tim darf gar nicht daran denken, | dass das neue gelbe Trikot | und die passenden geringelten Strümpfe weg sind. | Auch die teuren harten Stollen | wird er sich neu kaufen müssen. |

Deshalb geht er erst noch einmal zu Herrn Schneider. | Das ist der Hausmeister. | Dieser erzählt ihm, | dass auch schon Ole, Felix und Kaan beklaut worden sind. | Herr Schneider hat die Polizei schon angerufen | und den Diebstahl gemeldet. |

Gemeinsam mit den drei anderen | macht sich Tim auf die Suche. | Sie suchen im alten Vereinsheim, | im neuen Vereinsheim, in der Umkleidekabine | und in der Vereinsgaststätte. | Doch die Taschen von Tim, Ole, Felix und Kaan sind nirgends zu finden.

167 Wörter

Unser neues Lernportal

Unser neues Lernportal heißt *Lernhelfer* und soll allen Schülerinnen und Schülern, Lehrerinnen und Lehrern und auch den Eltern zur Verfügung stehen. An fünf Computerarbeitsplätzen wird es einen Zugang zum Schülerlexikon unseres Lernportals, zu verschiedenen Lernkartensets und Trainingsklausuren geben. Unterschiedliche Originalprüfungen für die Fächer Englisch, Deutsch und Mathematik werden dort auch zur Verfügung gestellt. Die Informationen für neue aktuelle Produkte können über einen Newsletter bestellt werden.

Weil der Computerraum möglichst oft geöffnet sein soll, wechseln sich die Lehrerinnen und Lehrer und die Schülerinnen und Schüler der 10 a, b, c und d ab. Eine halbe Stunde vor Schulbeginn, in den Pausen und zwei Stunden nach Schulschluss sind die schönen modernen Computerarbeitsplätze nutzbar.

Die Lokalzeitungen, überregionale Tageszeitungen und monatlich oder wöchentlich erscheinende Magazine können in einer eingerichteten Leseecke studiert werden.

Im Internet kann man natürlich in fast allen weltweit erscheinenden Zeitungen lesen. Wenn jemand ein Buch aus der Stadtbibliothek benötigt, kann er es per Computer bestellen. Montags, mittwochs und freitags kommt der Bücherbus vorbei und liefert die bestellten Bücher oder CDs ab. Für verlorene, beschädigte oder verschmutzte Medien muss – wie üblich – der volle Preis bezahlt werden.

189 Wörter

8.3 Komma bei Konjunktionalsätzen

Nachgestellter Konjunktionalsatz

Nebensätze, die durch Konjunktionen (z.B. *dass, wenn, als, ob, sobald, weil, indem*) eingeleitet werden, nennt man Konjunktionalsätze. Konjunktionalsätze werden, wie alle Nebensätze, mit einem Komma vom Hauptsatz abgetrennt. Oft sind Konjunktionalsätze dem Hauptsatz nachgestellt.

Hunde |

Mit meinem neuen Hund möchte ich auch verreisen, | wenn ich Ferien habe. | Im Zug kann ich ihn umsonst mitnehmen, | weil er ja keinen Sitzplatz benötigt. |

Es ist jedoch nicht immer ganz leicht, | einen Hund innerhalb Europas mitzunehmen, | obwohl wir in Europa kaum noch Grenzen haben. | In einigen Ländern muss das Tier besonders geimpft werden, | wenn es mitreisen soll. | In manchen Hotels fühlen sich die anderen Gäste durch Hunde gestört, | weil sie laut bellen oder durch die Gebäude oder Außenanlagen laufen. | Manche Menschen können Hunde überhaupt nicht ausstehen, | obwohl sie noch nie schlechte Erfahrungen mit ihnen gemacht haben. |

Meinen Hund jedenfalls werde ich gut erziehen, | damit es keine Probleme mit unseren Nachbarn | oder mit anderen Feriengästen gibt. | Mit einem Hund im Flugzeug zu verreisen, ist recht umständlich, | sodass ich das wohl nicht machen werde. | Eine Freundin hat mir berichtet, | dass sie ihren kleinen Pudel vorher abgeben musste. | Er musste dann in einem Käfig im Frachtraum reisen, | weil der Käfig dort fest angeschnallt werden konnte.

164 Wörter

Vorangestellter Konjunktionalsatz

Man kann Konjunktionalsätze (↑ S. 126) dem Hauptsatz auch voranstellen. Auch dann setzt man zwischen Konjunktionalsatz und Hauptsatz ein Komma.
Die Wortstellung im Hauptsatz verändert sich dabei. Die Personalform des Verbs steht im Hauptsatz an erster Stelle, also direkt nach dem Komma.

Meine erste eigene Bergtour |

Obwohl meine Eltern | oft ziemlich ängstlich sind, | haben sie mir erlaubt, | mit meiner Jugendgruppe | eine Bergtour zu machen. | Zunächst hatten uns unsere Jugendleiter | über die Tour informiert. | Weil sie diese selbst schon einmal gegangen waren, | konnten sie uns wunderschöne Dias zeigen. | Als wir diese gesehen hatten, | konnten wir den Beginn unserer Ferien | gar nicht mehr erwarten. |

Dass wir später auch noch einen Diaabend | für die Eltern veranstaltet haben, | war eine gute Entscheidung. | Obwohl immer noch nicht alle Bedenken | ausgeräumt waren, vertrauten sie jetzt darauf, | dass unsere Leiter uns gut führen würden. |

Auf der Tour selbst | haben wir natürlich eine Menge erlebt. | Wenn das Wetter es zuließ, | sind wir sechs bis sieben Stunden | pro Tag gewandert. | Wenn wir nach einem solchen Tag | abends wieder an einer Hütte ankamen, | waren wir natürlich sehr erschöpft. | Weil wir selbst kochen mussten, | dauerte es bis zum Abendessen | dann noch etwa eine Stunde. | Danach mussten wir noch abwaschen und aufräumen | und dann waren die meisten auch schon so müde, | dass sie sofort ins Bett wollten.

173 Wörter

Eingeschobener Konjunktionalsatz

Neben nachgestellten Konjunktionalsätzen (↑ S. 126) und vorangestellten Konjunktionalsätzen (↑ S. 127) gibt es auch eingeschobene Konjunktionalsätze. Vor und nach dem Einschub stehen Kommas.

Marvin allein zu Haus |

Einmal, als seine Eltern kegeln waren, | war Marvin ganz allein zu Hause. | Schon fast gegen Mitternacht wachte er auf, | weil es gewaltig zu donnern begann, | und bekam Angst. | Trotz der Gardinen wurde sein Zimmer | immer wieder von Blitzen erleuchtet, | sodass er sich ganz unter die Bettdecke verzog, | und einige Zeit später | prasselte Regen gegen die Fensterscheibe seines Zimmers. |

Zu allem Überfluss machte sich jetzt auch noch jemand, | weil dieser anscheinend | von dem wöchentlichen Kegeltermin seiner Eltern wusste, | am Kellerfenster zu schaffen. | Marvin, obwohl er sich eigentlich | für mutig gehalten hatte, | wurde immer kleiner und unsicherer. | Was sollte er, | wenn das wirklich ein Einbrecher war, jetzt tun? | Würde er es noch bis zum Telefon schaffen, | damit er bei der Polizei einen Einbruch melden konnte, | ohne vom Dieb bemerkt zu werden? |

Marvin beschloss, weil er kein Risiko eingehen wollte, | sich unter dem Bett zu verstecken. | Erst als seine Eltern nach Hause kamen, | kam er wieder hervor. | Seine Mutter ging sofort in den Keller und stellte fest, | dass Marvin wohl das Plätschern der Regentropfen | für einen Einbruchsversuch gehalten hatte.

181 Wörter

Konjunktionalsätze – vorangestellt, nachgestellt, eingeschoben

Das Komma trennt Haupt- und Nebensatz. Eine Form des Nebensatzes ist der Konjunktionalsatz (↑ S. 126–128).

Die Mission |

Unsere Crew blickt, nachdem wir die Erde verlassen haben, | auf unseren Heimatplaneten zurück. | Obwohl wir uns alle freuen, | sind einige auch gespannt, | welche Abenteuer und Aufgaben unsere Mission mit sich bringen wird. | Als von einem unbekannten Planeten außerhalb unseres Sonnensystems | die ersten Funksignale empfangen worden waren, | wurde unsere Expedition dorthin sofort vorbereitet. |

Die Leitung unserer Behörde stellte, | nachdem alle Länder der Erde Vorschläge gemacht hatten, | ein Team zusammen. | Wir werden für einige Zeit zu Forschungszwecken dort bleiben, | wenn es die Umstände erlauben. | Weil gerade ein neuer Space-Driver* entwickelt worden ist, | können wir damit dann zur nächsten Raumstation zurückfliegen. | Von dort kann man wichtige Instrumente anfordern, falls Forschungsgeräte fehlen. |

Als wir auf dem fremden Planeten gelandet sind, | werden wir von freundlichen Aliens empfangen. | Einige von uns begeben sich, | nachdem wir uns die typische Kleidung der Aliens besorgt haben, | in die nächste größere Stadt. Als wir dort ankommen, | sind wir über die Ruhe und die saubere Luft erstaunt. | Doch die Aliens fahren, wenn sie sich fortbewegen wollen, | mit solarbetriebenen Luftschiffen.

170 Wörter

auch: Spacedriver

Konjunktionalsätze – vorangestellt, nachgestellt, eingeschoben

Das Komma trennt Haupt- und Nebensatz. Eine Form des Nebensatzes ist der Konjunktionalsatz (↑ S. 126–128).

Luther |

Als wir uns mit Luthers Leben befassten, haben wir festgestellt, | dass er ein ganz interessanter Mann war. | Luthers Eltern hatten ihren Sohn eigentlich zur Lateinschule geschickt, | damit er später einmal Jurist werden würde. | Weil ihr Sohn jedoch andere Interessen hatte, | entschloss er sich zum Studium der Theologie | und trat auch in ein Kloster ein. | Da Luther während seines Studiums erkannte, | dass vieles in der Kirche nicht in Ordnung war, | forderte er Veränderungen in der Kirche. |

Luther wurde berühmt, | nachdem 1517 seine Forderungen nach Veränderungen in der Kirche bekannt geworden waren. | Obwohl früher immer behauptet wurde, | dass Luther seine 95 Thesen an die Wittenberger Schlosskirche genagelt habe, | weiß man heute, dass seine Freunde sie ohne sein Wissen verbreitet haben. |

Einige Jahre später wurde Luther sogar aus der Kirche ausgeschlossen, | weil seine Ansichten als Irrlehre verurteilt worden waren. | Damit ihm jedoch niemand etwas antun würde, | ließ ihn sein Landesherr zum Schein entführen | und auf die Wartburg bringen. |

Dort verbrachte Luther so viel Zeit, | dass er die Bibel ins Deutsche übersetzt hat. | Weil nun alle Leute die Bibeltexte verstehen konnten, | stieß Luthers Bibelübersetzung auf großes Interesse.

184 Wörter

Ein spannendes Abenteuer |

Bevor ich zum Flughafen ging, rief ich dort an. | Damit ich auch alles Wichtige über den kleinen Hobbyflughafen erfahren würde, | verabredete ich mich mit der Leiterin des Flughafenvereins. |

Als ich am Freitagnachmittag ankam, | erteilte sie gerade einem kleinen Motorflugzeug die Starterlaubnis. | Da meldete der Pilot ein technisches Problem, | sodass er seinen Start verschieben musste. | Weil ich alles mitbekommen hatte, bot mir die Leiterin an, | mit mir zu dem Flugzeug zu gehen | und mir alles genau zu erklären. |

Nachdem wir dort angekommen waren, | durfte ich sogar auf dem Kopilotensitz Platz nehmen. | Während ein Techniker nach dem Fehler suchte, | erklärte mir die Leiterin die Schwierigkeiten beim Start und bei der Landung. |

Sie konnte alles sehr gut erläutern, | da sie selbst auch als Fluglehrerin arbeitete. | Wenn ich am Samstag Zeit hätte, | würde sie mich bei einer Flugstunde mitnehmen, | bot sie mir an. | Ich sagte sofort zu, weil ich damit den passenden Aufmacher für meinen Artikel hatte. |

Als ich am Samstag zum Flughafen kam, war ideales Wetter. | Die Leiterin war schon seit dem frühen Morgen da, | weil sie das Flugzeug noch aufgetankt und gewartet hatte. | Im kleinen Flugzeug über unsere Stadt zu fliegen, war ein beeindruckendes Erlebnis, | obwohl mir bei der Landung doch ganz schön übel war.

206 Wörter

8.4 Komma bei Relativsätzen

Nachgestellter Relativsatz

Das Komma trennt Haupt- und Nebensatz (↑ auch Konjunktionalsatz, S. 126–131). Nebensätze erkennt man an der Wortstellung. Die Personalform des Verbs steht am Ende des Satzes.
Nebensätze, die ein vorausgehendes Substantiv oder Pronomen genauer bestimmen, nennt man Relativsätze. Sie werden durch ein Komma abgetrennt. Relativsätze werden durch die Relativpronomen **der, die, das** bzw. deren deklinierte Formen eingeleitet. Manchmal steht noch eine Präposition davor *(der Baum, auf dem der Vogel sitzt).*

Die Burg |

Wenn man die Vorburg passiert hat, | gelangt man durch ein inneres Tor | in den Haupthof, der von wichtigen Gebäuden umgeben ist. | Seitlich des Burghofes erhebt sich ein großer Turm, | der „Bergfried“ genannt wird. |

Wenn die Feinde | schon die Außenanlagen der Burg erobert haben, | dann flüchten sich die Bewohner | in diesen Turm. | Damit er nicht so leicht eingenommen werden kann, | befindet sich der Zugang hierzu | in einigen Metern Höhe. | Der Turm ist nur über eine Brücke, | die man abwerfen kann, oder eine Leiter, | die man leicht einziehen kann, zu erreichen. |

Normalerweise spielt sich das Leben auf der Burg | im sogenannten* Palas ab, | in dem der Burgherr mit seiner Familie wohnt. | Im Erdgeschoss befindet sich hier die Küche | und darüber liegen, | damit man die Wärme des Kamins | aus der Küche ausnutzen kann, die Schlafräume. | Dass alle Räume auf einer Burg beheizt werden, | ist eher die Ausnahme. | Selbst im Sommer wird es in den Räumen, | die von dicken Mauern umgeben sind, | nicht richtig warm.

163 Wörter

* *auch:* so genannten

Die schönste Jahreszeit: der Winter |

Auf die Weihnachtsferien freue ich mich besonders. | Ich fahre mit meiner Mutter und meinem Freund Leo | zu einer Hütte, die wir für eine Woche gemietet haben. | Die Hütte, die auf einem Berg liegt, | ist nur mit einem Sessellift zu erreichen. |

An der nahe gelegenen Bergstation | können wir wie im letzten Jahr | an einem Skikurs* nur für Jugendliche teilnehmen. | Im letzten Jahr habe ich bei diesem Skikurs* | einen Jungen aus Hamburg kennengelernt*, | der vorher noch nie Ski* gelaufen war. | Doch durch den tollen Unterricht von Peter, | der unser Skilehrer* war, konnte auch er bald | die schwierigsten Pisten bewältigen, die es dort gab. | Nach nur drei Tagen, | die wie im Flug vergingen, | konnte er fast so gut Ski* laufen wie ich. |

Meine Mutter genießt mehr die Zeit nach dem Skilaufen*, | die sie zum Sonnenbaden nutzt. | Es gibt eine schöne Berghütte, | die den ganzen Tag in der Sonne liegt. | Dort gibt es Liegestühle, | die man für einige Stunden ausleihen kann. | Meistens legt sich meine Mutter schon am Vormittag dort hin | und genießt die Sonne. | Wenn sie sich nicht mit Sonnenmilch eincremt, bekommt sie einen starken Sonnenbrand, | der sie abends immer schmerzt.

193 Wörter

* *auch:* Schikurs · kennen gelernt · Schi · Schilehrer · Schi · Schilaufen

Eingeschobener Relativsatz

Nebensätze, die etwas Genaueres über ein vorausgehendes Substantiv oder Pronomen aussagen, nennt man Relativsätze. Sie werden durch die Relativpronomen **der, die, das** oder ihre gebeugten Formen eingeleitet (↑ S. 132). Relativsätze, die in einen anderen Satz eingeschoben werden, werden von Kommas eingeschlossen.

Wir entscheiden über eine Klassenfahrt |

Annika, die gerne Ski* fährt, | schlägt eine Fahrt nach Österreich vor. | Unser Lehrer, der grundsätzlich nichts dagegen hat, | weist aber darauf hin, | dass es nicht zu teuer werden darf. |

Leo, der Klassensprecher ist, schlägt deshalb vor, | im Sommer auf einen Campingplatz, | der in Holland liegt, zu fahren. | Die meisten Kinder aber sind dafür, | eine Radtour zu machen, | bei der man jeden Abend | in einer anderen Jugendherberge übernachtet, | und sie haben schon Informationen, | die das Deutsche Jugendherbergswerk | zur Verfügung stellt, besorgt. | Das wenige Gepäck, das man auf jeden Fall benötigt, | kann man gut in zwei Satteltaschen verstauen. |

Moritz befürchtet, dass sein altes Fahrrad, | das er schon von seinem Bruder geerbt hat, | nicht mehr gut genug ist. | Daraufhin schlägt Valerie vor, | dass man vor Beginn der Fahrt | alle Fahrräder, die kaputt sind, | gemeinsam reparieren könne. | Jeder solle dazu das Werkzeug, | das er habe, mitbringen. |

Fast alle sind mit diesem Vorschlag einverstanden, | und die Klasse, die sich schon auf die Klassenfahrt freut, | beschließt mit großer Mehrheit, | eine Radtour zu veranstalten.

172 Wörter

* *auch:* Schi

Das Schulfest

Am nächsten Samstag sind alle Eltern, deren Kinder unsere Schule besuchen, zum Schulfest eingeladen. Alle Klassen haben in der Projektwoche, die kürzlich stattfand, unterschiedliche Dinge vorbereitet.

Die Klassen der Jahrgangsstufe 5 haben im Unterricht eine Modenschau vorbereitet, in der sie Mode aus der Antike vorführen, und einige kleine Sketche eingeübt. Die sechsten Klassen, die sich mit den Ländern der Europäischen Union beschäftigt haben, stellen jeweils ein europäisches Land vor. Sie haben entsprechende Lieder, Getränke und Speisen vorbereitet.

In den Räumen, die die Jahrgangsstufe 8 gestaltet hat, finden Discos* statt. Die Schüler der achten Klassen haben die Klassenzimmer, die sonst eher langweilig aussehen, mit buntem Papier und vielen Lichtern dekoriert. Die Musik, die die Schüler, Lehrer und Eltern zum Tanzen bewegen soll, wird von einem eigens für das Schulfest engagierten DJ aufgelegt. Die Schülerinnen und Schüler der Jahrgangsstufe 9 haben Plakate erstellt, mit denen sie über ihr Praktikum informieren, und sie haben auch die Männer und Frauen, die sie während des Praktikums betreut haben, zum Schulfest eingeladen.

168 Wörter

* *auch:* Diskos

Relativsätze – nachgestellt und eingeschoben

Die Regeln zum Relativsatz kannst du auf den Seiten 132 bis 134 nachlesen. Mit den folgenden beiden Diktaten kannst du die Kommasetzung bei Relativsätzen üben.

Dr Zoch kütt |

Schon am Morgen beginnen die Menschen, | die den Zug anschauen wollen, am Straßenrand zu feiern. | Mit Bussen und Bahnen, die gut gefüllt waren, | sind sie aus der Umgebung angereist. | Aus Straßencafés und Kneipen hört man die Lieder, | die in diesem Jahr die Hits sind. | Überall singen und tanzen Menschen, | die einmal im Jahr ungezwungen feiern wollen. | Das ist der Rosenmontag in Köln. |

Gegen Mittag zieht dann der Zug, der mehrere Kilometer lang ist, | an den Menschen vorüber. | Dabei wechseln sich Tanzkapellen, Fußgruppen und Wagen ab, | von denen in großen Mengen Süßigkeiten und kleine Sträußchen geworfen werden. | Besonders die Kinder, die in der ersten Reihe stehen, | können dann hinterher eine gut gefüllte Tasche nach Hause* tragen. |

Wenn die Kapellen, die bekannte Karnevalslieder spielen, vorbeiziehen, | singen und schunkeln alle am Straßenrand mit. | Besonders beklatscht werden natürlich die Fußgruppen, | die originelle Kostüme tragen. | Einige Fußgruppen, die am Zug teilnehmen, | haben sich extra für dieses Ereignis zusammengetan. | Sie beginnen schon im Herbst | mit der Herstellung ihrer manchmal sehr aufwendigen* Kostüme, | die sie selbst nähen.

173 Wörter

* *auch:* nachhause · aufwändigen

7. KLASSE

Die erste Probe |

Als ich dann mit meinem Bruder, von dem ich schon einiges über seinen Chor erfahren hatte, | gemeinsam zur Probe kam, war ich ganz erstaunt, | dass wir uns erst einsingen mussten. | Komische Zischlaute, die zur Bildung unserer Stimme beitragen würden, | sollten wir aus dem Bauch heraus hervorbringen. | Zunächst einmal musste ich über die Sängerinnen und Sänger, | deren Konzentration man an ihren Gesichtern ablesen konnte, herzlich lachen. | Deshalb erklärte mir meine Nachbarin, der diese Übungen offensichtlich Spaß machten, | dass man nach diesem Einsingen wirklich besser singen könne. |

Ich habe mich dann gefreut, dass die beiden neuen Lieder, | die in dieser Probe einstudiert werden sollten, | tolle Melodien und einen eingängigen Rhythmus hatten. | An den Stellen, die ich schwierig zu singen fand, | habe ich mich am Anfang zurückgehalten. | Nach mehrmaligem Üben, das manchmal ganz schön nervig war, | habe ich mich dann jedoch getraut, laut mitzusingen. | Gut gefallen hat mir auch die Pause, | die leider nur eine Viertelstunde dauerte. | Ich habe viele Chormitglieder, die mich sofort ansprachen, kennengelernt*. | Eine, die in der nächsten Woche ihren Geburtstag feiern wollte, | hat mich sogar zu ihrer Party eingeladen.

182 Wörter

* *auch:* kennen gelernt

8.5 Komma bei indirekter Rede

Indirekte Rede – vorangestellter Begleitsatz

Bei der indirekten Rede wird das, was eine Person sagt oder denkt, von einer anderen Person oder von derselben Person, aber in einer anderen Situation – also indirekt – wiedergegeben. Zwischen dem vorangestellten Begleitsatz und der indirekten Rede steht ein Komma.

Ein weiblicher Fußballfan |

Emilia erzählte mir, dass sie neulich | bei einem Fußballspiel im Stadion gewesen sei. | Ich erwiderte dagegen, dass ich schon ein paarmal | eine VIP-Karte gehabt hatte. | Natürlich konnte ich deshalb damit prahlen, | sowohl von dem Präsidenten | als auch von dem Torwart der zweiten Mannschaft | ein Autogramm bekommen zu haben. |

Emilia konnte das nicht beeindrucken. | Sie entgegnete, dass dort bestimmt nicht so eine gute Stimmung geherrscht habe | wie in ihrem Block. | Sie gab zu, sich eigentlich nicht so sehr für Fußball zu interessieren. | Emilia fügte jedoch hinzu, | beim Elfmeterschießen auch den Atem angehalten zu haben. | Sie sagte sogar, | dass sie auch während der Verlängerung mitgezittert habe. |

Weil ich schon seit längerer Zeit | nicht mehr im Stadion gewesen war, | machte ich den Vorschlag, | demnächst zusammen ein Spiel zu besuchen. | Emilia sagte, dass sie noch ein paar Freundinnen und Freunde fragen werde, | ob sie mitkommen wollen. | Dabei fiel mir ein, | dass wir zusammen zum Pokalendspiel gehen könnten. | Emilia meinte, dass wir uns beeilen müssten, | um noch Karten zu bekommen.

168 Wörter

Indirekte Rede – nachgestellter Begleitsatz

Bei der indirekten Rede kann der Redebegleitsatz – wie bei der wörtlichen Rede – auch nachgestellt werden.

Ein neuer Schulhof |

In der Klasse 7c wird über unterschiedliche Gestaltungsmöglichkeiten diskutiert. | Einige Bäume sollten gepflanzt werden, schlägt Amelie vor. | Dass man darunter dann ein paar Bänke stellen könne, | fügt Leon mit einem verträumten Gesichtsausdruck hinzu. | Die Klasse könne diese im Werkunterricht sogar selbst bauen, | stellt Jana voller Tatendrang fest. |

Dass auch zwei Basketballkörbe aufgestellt werden sollten, | fordert Luca unter Zustimmung zahlreicher Jungen. | Außerdem solle in den Pausen eine Sportgeräteausleihe organisiert werden, | verlangt ein großer Teil der Klasse. | Dass wir uns für ein Streetballfeld stark machen könnten, meint Paul. | Vielleicht könne man am Schulhofrand | sogar eine Skatebahn einrichten, überlegt Maximilian laut. | Dann kämen wir bestimmt auch in unserer Freizeit | öfter hierher, unterstützt ihn Fatima. |

Dass sie gerne einen Schulgarten hätte, | erzählt Sophia mit leuchtenden Augen. | Dort könne man sicherlich auch einen Teich anlegen, schwärmt Philipp. | Die Klasse müsse dann natürlich die Patenschaft | für dieses Projekt übernehmen, erklärt Laura als Klassensprecherin. |

Zum Schluss schlägt die Klassenlehrerin vor, | alle Vorschläge in einem Entwurf festzuhalten und eine Beschreibung zu verfassen.

167 Wörter

Indirekte Rede – eingeschobener Begleitsatz

Der Redebegleitsatz kann in die indirekte Rede (↑ S. 138–139) eingeschoben werden. Er wird dann in Kommas eingeschlossen.

Ziele des Jugendparlaments |

Besonders wichtig sei ihm, erklärte Michael, | das Freizeitangebot für Jugendliche zu verbessern. | Konkret bedeute dies, meinte Murat, | neue, gut ausgestattete Jugendräume in allen Stadtteilen zu eröffnen. | Ihr läge, warf Paula bestimmend ein, | eine gute Skatebahn noch mehr am Herzen. |

Zunächst, sagte Maximilian vermittelnd, | könne jedes Mitglied Vorschläge machen. | Erst später, fügte er hinzu, | werde über die Dringlichkeit der Anträge abgestimmt. |

Die Ausbesserung und Erweiterung der Fahrradwege, forderte Fabian, | solle auch noch einmal im Stadtrat beraten werden. | Besonders die Radwege, auf denen jeden Morgen | viele Schülerinnen und Schüler zur Schule fahren, ergänzte Jakob, | müssten verbreitert werden. | Die Stadtranderholung in den Ferien, verlangte Dominik, | solle nicht aus Geldnöten eingestellt werden. | Das Jugendparlament, schlug Debora vor, könne sich ja auch um Sponsoren bemühen. | Außerdem, regte Hannah an, wäre es gut, | in der Stadtbibliothek ein Internetcafé einzurichten. | Und die Spielesammlung, schlug Julian vor, solle um CD-Spiele ergänzt werden. | Vielleicht, meinte Mara, könne die Stadt auch etwas für Kids, | die auf der Straße lebten, unternehmen.

163 Wörter

Indirekter Fragesatz – eingeleitet durch ein Fragewort

Bei indirekten Fragen, die mit einem Fragewort eingeleitet werden, steht zwischen dem Redebegleitsatz und der indirekten Frage ein Komma.

Der mittellose Dieb |

Bei Familie Schulenberg ist eingebrochen worden. | Die Polizei hat den Dieb gefasst | und hat Familie Schulenberg auf dem Revier | über den Stand der Dinge informiert. |

Als Frau Schulenberg von dem Erfolg der Polizei erfuhr, | überlegte sie erwartungsvoll, wie viel Geld der Dieb | jetzt an sie zahlen müsse. | Leider musste der Kommissar sie enttäuschen | und ihr mitteilen, | dass der Dieb bei seiner Festnahme gefragt habe, | von welchem Geld er etwas zurückzahlen solle. | Er habe schon alles ausgegeben. |

Daraufhin erkundigte sich Herr Schulenberg, | wer der Familie jetzt den Schaden ersetze. | Es komme darauf an, was für eine Versicherung er abgeschlossen habe, | antwortete der Kommissar darauf. | Was das denn für eine kuriose Gesetzgebung sei, | ereiferte sich Herr Schulenberg darauf. | Frau Schulenberg überlegte schnell, | welche Schadensfälle die Hausratversicherung abdecke. | Diebstahl bei offener Tür | war darin jedoch nicht eingeschlossen. |

Warum der Dieb denn nicht im Gefängnis arbeiten müsse, | fragte die Tochter in die Runde. | Welchen Beruf er erlernt habe, wollte sie wissen. | Ihr Bruder interessierte sich dafür, | welche Arbeitsmöglichkeiten es im Gefängnis gäbe. | Wie lange der Dieb wohl brauche, fragte er den Kommissar, | um den Schaden zu ersetzen.

186 Wörter

Indirekter Fragesatz – eingeleitet durch ob

Wandelt man Fragen, bei denen die Personalform des Verbs am Anfang steht, in indirekte Fragen um, so werden diese durch **ob** eingeleitet. Zwischen der indirekten Frage und dem Begleitsatz steht ein Komma; ist die indirekte Frage eingeschoben, dann wird sie in Kommas eingeschlossen.

Sorgen eines Entdeckers

Nach seinem ersten Landgang unterhält Kolumbus sich mit einem der beiden Kapitäne, die ihn begleiten.

Kolumbus fragt ihn, ob er erwartet hätte, so freundlich aufgenommen zu werden. Ob die Bemalung einiger Menschen eine besondere Bedeutung habe, interessiert Kolumbus. Die Frage, ob die Eingeborenen wirklich nur Speere besitzen, treibt den Kapitän um. Ob die Wunden einiger Männer von Auseinandersetzungen der Eingeborenen untereinander oder von Kämpfen mit wilden Tieren stammen, fragt Kolumbus. Ob Kolumbus schon gefährliche Tiere gesehen habe, fragt der Kapitän nach. Kolumbus überlegt, ob sie einige Männer mitnehmen sollten. Er fragt, ob man sie dem König vorführen solle.

Kolumbus bringt das Gespräch darauf, ob die Eingeborenen gute Christen werden. Ob sie schnell die spanische Sprache lernen werden, fragt der Kapitän neugierig. Was er auch gerne erfahren möchte, ist, ob die mitgereisten Missionare bald an Land gehen dürfen. Kolumbus möchte gerne wissen, ob die Eingeborenen Tempel für ihre eigenen Götter gebaut haben. Ob sie bald Gewürze oder Gold geschenkt bekommen, ist für den Kapitän eine wichtige Frage.

169 Wörter

Indirekter Fragesatz – eingeleitet durch ein Fragewort oder durch ob

Bei indirekten Fragen steht zwischen dem Redebegleitsatz und der indirekten Frage ein Komma (↑ S. 141–142).

Landwirtschaft mal anders

Weil meine Cousine* vom Bauernhof kommt und später mal bei einer großen Saatgutfirma arbeiten möchte, habe ich sie gefragt, ob ich sie über ihre Ausbildung zur landwirtschaftlich-technischen Assistentin befragen könne.

Ich stellte ihr die Frage, welche Aufgaben zu ihrer Arbeit gehörten. Sie antwortete mir gerne. Allerdings war sie sich nicht sicher, ob mir Schlagwörter wie Boden- und Düngemitteluntersuchungen und Experimente in der Pflanzenproduktion etwas sagten. Ich fragte nach, ob sie sowohl im Labor als auch im Gewächshaus oder auf dem freien Feld arbeite. Außerdem interessierte mich, ob sie manchmal auch mit giftigen Stoffen zu tun habe.

Natürlich erkundigte ich mich auch, wie ihr die Arbeit im Labor ge--falle. Ich wollte genau wissen, ob es nicht manchmal schwierig sei, die unterschiedlichen Apparaturen zu bedienen. Meine Cousine* fragte zurück, wann ich sie mal im Labor besuchen wolle. Neugierig hakte ich nach, ob sie mir dann auch ein Experiment vorführen könne. Sie erkundigte sich, ob ich mit der Untersuchung von Milch auf die Schadstoffbelastung zufrieden sei.

Zum Schluss fragte ich sie noch, ob sie mir nicht eine neue Pflanze, an deren Züchtung sie beteiligt ist, zeigen könne.

187 Wörter

* *auch:* Kusine · Kusine

8.6 Sonstige Kommaregeln

Infinitivgruppen, Teil 1

Bei Infinitivgruppen muss man in drei Fällen ein Komma setzen:
1. Die Infinitivgruppe wird mit **als, [an]statt, außer, ohne, um** eingeleitet. *(Er konnte nichts Besseres tun, als zu reiten.)*
2. Die Infinitivgruppe hängt von einem Substantiv ab. *(Er fasste den Entschluss, die Schule zu wechseln.)*
3. Die Infinitivgruppe wird durch ein hinweisendes Wort angekündigt oder wieder aufgenommen. *(Hier bin ich dafür, nicht abzustimmen. Sich mit den Regeln auseinanderzusetzen, das ist wichtig.)*

In allen anderen Fällen kann man ein Komma bei Infinitivgruppen setzen, muss es aber nicht tun.

Schulen ans Netz |

Im Fach „Neue Medien“ | versucht die Lehrerin gerade(,) | das neue Thema genau zu beschreiben. | Die Schülerinnen und Schüler scheinen heute | sehr unruhig zu sein. | Ole, ohne einen Moment nachzudenken, |fragt ständig bei seiner Nachbarin nach. | Julia beginnt sofort(,) | ihm alles leise zu erklären. | Aufgabe ist es, mithilfe der Informationen aus dem Internet | ein Referat zu einem selbst gewählten Thema zu erstellen. | Die Schülerinnen und Schüler sollen dabei auch lernen(,) | das Textverarbeitungsprogramm zu benutzen. | Hinterher sollen sie in der Lage sein, | selbstständig eine mehrseitige Arbeit zu schreiben. | Gerade diejenigen, die zu Hause keinen Computer haben, | brauchen keine Angst zu haben. | Sich selbst etwas zuzutrauen, das ist das Wichtigste. | Zum Ende der Reihe sollen die Schülerinnen und Schüler lernen(,) | ein Referat richtig vorzutragen. | Deshalb werden alle Eltern gebeten(,) | an einem Abend in die Schule zu kommen. | Ihre Söhne und Töchter werden dann einen zehnminütigen Vortrag halten. | Die Lehrerin hat allen Kindern gesagt, | dass es ganz normal ist, | bei diesem Vortrag aufgeregt zu sein.

164 Wörter

Gewonnen? |

Gewinnstadt, 5. Juni

Sehr geehrter Herr Glückspilz, |

wir freuen uns schon lange darauf, | Ihnen mitteilen zu dürfen, | dass Sie gewonnen haben. | Sicher werden Sie sich nun fragen, | wie wir ausgerechnet auf Sie kommen. | Wir wissen, | dass Sie sich bei keinem Gewinnspiel beteiligt haben. | Doch hegen nicht auch Sie den Wunsch, | in einen größeren Urlaub zu fahren? | Oder einmal richtig auszuspannen, | das ist doch der Traum von vielen. | Wie wäre es wohl, | ein neues Auto zu kaufen, | ohne auf das liebe Geld achten zu müssen? |

Wie Sie sehen, | Herr Glückspilz, | kennen wir die geheimsten Wünsche | unserer Gewinner. | Deshalb wollen wir Sie | auch nicht auf die Folter spannen. | Obwohl Sie sich | an keinem Glücksspiel beteiligt haben, | hat unsere Glücksmaschine Ihre Adresse gezogen. | Da Sie jedoch von der Schmuckstraße, | Golddorf(,) | in die Geldstraße, | Gewinnstadt(,) | umgezogen sind, | war es schwierig, | Sie zu finden. | Doch wir haben keine Mühen gescheut(,) | und nun dürfen wir Ihnen den Gewinn | in Form eines Loses zusenden. | Bitte überweisen Sie hierfür | zehn Euro auf unser Konto. |

Ihre Betrugslotterie

170 Wörter

Infinitivgruppen, Teil 2

Die Regeln zur Kommasetzung bei Infinitivgruppen kannst du auf Seite 144 nachlesen. Zusätzlich kannst du dir merken: Bei Infinitivgruppen darf auch dann ein Komma stehen, wenn man die Gliederung des Satzes verdeutlichen möchte. *(Wir empfehlen, ihm zu folgen. Wir empfehlen ihm, zu folgen.)*

Fabians Mutter |

Fabians Mutter hat einen Bioladen. | Über diesen Laden aus Sicht der Kunden | mit einer Fotoreportage zu berichten, | das hatte Fabian sich vorgenommen, | weil er Freude am Fotografieren hat. |

Zu Hause entschließt sich Fabian(,) | die Fotos, die er gemacht hat, | auf eine große Plakatwand zu kleben. | Natürlich muss er noch weitere Informationen hinzufügen. | Denn seine Mutter hat auch viele Aufgaben, | die nicht so spannend sind, | um sie auf einem Foto festzuhalten. | Jeden Abend muss sie sich Zeit nehmen, | um die Bestellung für den übernächsten Tag festzulegen. | Dabei versucht sie auch immer(,) | auf besondere Wünsche einzelner Kundinnen und Kunden einzugehen. | Außerdem darf sie auch nicht vergessen(,) die Kasse zu überprüfen. | Die offenen Rechnungen zu überweisen, | das ist natürlich auch eine wichtige Aufgabe. | Als fortschrittliche Unternehmerin hat Fabians Mutter schon begonnen(,) | die Möglichkeiten des Onlinebankings zu nutzen. | So kann sie alle Rechnungen | bequem von ihrem Computer aus bezahlen | und braucht sich nicht | nach den Öffnungszeiten der Banken zu richten. | Um ihre Kundinnen und Kunden stets gut zu beraten, | hat Fabians Mutter sich dazu entschlossen, | mehrere Fachzeitschriften zu abonnieren. | Die Wirkung bestimmter Kräuter oder Tees genau zu kennen, | das ist ihr großes Interesse.

191 Wörter

Projektarbeit |

Die Schülervertretung hatte die Idee, | vor den Osterferien eine Projektwoche zu veranstalten. | Eine kleine Arbeitsgruppe kümmerte sich am ersten Tag darum, | möglichst viele gute Ideen zu sammeln. | Für alle Schülerinnen und Schüler ein geeignetes Projekt zu finden, | das war das Allerschwerste. | Auch geeignete Projektleiterinnen und -leiter zu finden(,) | war nicht ganz leicht. | Deshalb waren alle froh darüber, | dass sich eine pensionierte Lehrerin bereit erklärte(,) | bei der Organisation der Projekttage zu helfen. |

Am zweiten Tag begannen wir die Arbeit in der Turnhalle. | Wir sollten versuchen(,) einen Erlebnislauf, | den unsere Sportlehrerinnen aufgebaut hatten, | mit verbundenen Augen zu überwinden. | Natürlich standen die Mitschülerinnen und Mitschüler bereit, | um uns zu helfen, wenn wir in Not gerieten. | Plötzlich lernten alle(,) sich ganz vorsichtig zu bewegen. |

Am dritten Tag bekamen wir Besuch von Frauen und Männern, | die über ihren Beruf berichteten. | Besonders die Mädchen freuten sich(,) | mit Frauen in typischen Männerberufen zu sprechen. | Frauen, die ihren Weg als Schlosserin oder Schreinerin gegangen sind, zu sehen, | das machte den Mädchen Mut. | Eine Handwerksmeisterin ermunterte die Mädchen(,) | sich für einen Praktikumsplatz im nächsten Jahr zu bewerben. | Die Jungen hatten die Möglichkeit, | sich mit einem ehemaligen Beamten zu unterhalten, | der seinen sicheren Arbeitsplatz aufgegeben hatte | und jetzt als Immobilienmakler tätig war. | Außerdem sprachen sie mit einem Hausmann, | dem es viel Freude bereitete, für seine Kinder da zu sein.

220 Wörter

Apposition

Erklärungen, die in Form eines Nachsatzes (nachgestellter Beisatz oder Apposition) geliefert werden, trennt man mit einem Komma vom Hauptsatz ab. Eingeschobene Zusätze werden von Kommas eingeschlossen. *(Das ist Kirsten, meine Freundin. Johannes Gutenberg, der Erfinder der Buchdruckkunst, wurde in Mainz geboren.)*

Im Aquadrom |

Am Wochenende gehen meine Eltern manchmal gemeinsam mit mir | und meinen Schwestern, Nele und Julia, ins Schwimmbad. | Während sie mit Nele, der Kleinsten, ins Babybecken gehen, | dürfen Julia und ich allein ins Wellenbecken. | Julia und ich können, als Besitzerinnen mehrerer Schwimmabzeichen, | schon sehr gut schwimmen. | Julia kann besonders gut kraulen, | während ich schneller im Rückenschwimmen bin. | Auch im Tauchen, sowohl im Ausdauer- als auch im Tieftauchen, | sind wir beide geübt. |

Mein Vater entspannt sich gerne im Dampfbad, | einem Raum mit heißem Wasserdampf. | Dort trifft er auch manchmal Bekannte, Nachbarn und Arbeitskollegen. | Meine Mutter legt sich gerne mal ins Solarium. | Vorher cremt sie ihren ganzen Körper ein, | besonders die Augen und die Nase, um dort keinen Sonnenbrand zu bekommen. | Wenn wir Hunger haben, setzen wir uns ins Aquarestaurant. | Jede darf sich dann ein Getränk und einen kleinen Imbiss bestellen, | zum Beispiel eine Cola und eine Portion Pommes. | Meine Eltern trinken lieber heiße Getränke, | meine Mutter am liebsten Tee | und mein Vater Kaffee mit Milch und Zucker, | und essen einen Salat.

171 Wörter

8

Kommasetzung gemischt

Regeln zur Kommasetzung findest du von Seite 122 bis Seite 149. Mit dem folgenden Diktat kannst du die Kommasetzung üben. Die Regeln zur Zeichensetzung bei wörtlicher Rede kannst du ab Seite 152 nachlesen.

Vulkane |

Es gibt heute auf der Erde mehr als 600 aktive Vulkane, | d. h. Vulkane, die noch tätig sind. | Sie sind der Beweis dafür, | dass wir nicht auf einer ruhigen Erdkugel leben, | sondern dass es unter unseren Füßen nur so brodelt. | Allerdings sind die Vulkane nicht gleichmäßig über die Erde verteilt, | sondern es gibt Gebiete, | wo es nahezu keinen Vulkanismus gibt, | und andere, in denen sich die Feuer speienden* Berge geradezu häufen. | Letzteres gilt vor allem für die Zone rings um den Pazifischen Ozean, | der deswegen auch „Pazifischer Feuerkreis“ genannt wird. | Aber auch in den Weltmeeren selbst gibt es vulkanische Tätigkeit: | Mitten durch die Ozeane ziehen sich hohe untermeerische Gebirgsrücken, | die viele Tausend* Kilometer lang | und zwei- bis dreitausend Meter hoch sind. | Sie alle haben an ihren Spitzen tiefe Spalten, | die bis in tiefere Regionen der Erde hinunterreichen. |

Dort unten, und zwar manchmal schon ab einer Tiefe von wenigen Kilometern, | manchmal aber erst ab 50 Kilometern, | ist die Temperatur der Erde so hoch, | nämlich über 700 Grad Celsius, | dass das Gestein geschmolzen ist. | Diese zähflüssige Masse, von den Wissenschaftlern „Magma“ genannt, | enthält oft viel Gas | und sie steht deswegen unter einem sehr hohen Druck. | Wenn nun in der darüberliegenden Erdkruste Risse oder breite Spalten entstehen, | was immer wieder vorkommt, | kann das heiße, gasreiche Magma nach oben steigen | und es kommt zu einem Vulkanausbruch: | Schlackenfetzen, Gesteinsbrocken und Asche werden in die Luft geschleudert | und fallen wieder zur Erde zurück. | Rot oder gelb glühendes, flüssiges Gestein, | das nach seinem Austritt nicht mehr „Magma“, | sondern „Lava“ genannt wird, | fließt aus der Spalte. | Alle diese Förderprodukte bauen langsam einen Vulkankegel auf, | der mit jedem neuen Ausbruch höher wird.

273 Wörter

* *auch:* feuerspeienden · tausend

8.7 Zeichensetzung bei wörtlicher Rede

Aussagesatz mit vorangestelltem Begleitsatz

Bei der wörtlichen Rede steht das, was gesagt wird, in **Anführungszeichen**. Aus dem Begleitsatz erfährt man, wer etwas sagt.
Wird der Begleitsatz vorangestellt, wird er durch einen **Doppelpunkt** abgeschlossen.

Erdbeben |

Die Klassenlehrerin erklärt den Schülerinnen und Schülern | die Entstehung von Erdbeben: | „Bestimmt habt ihr schon einmal davon gehört, | dass sich in einer Stadt oder einem Land | plötzlich die Erde schüttelt."

Sie erklärt alles ganz anschaulich: | „Häuser stürzen zusammen. | Wasser-, Gas- und Stromleitungen zerreißen. | In wenigen Sekunden verwandelt sich | alles in ein Trümmerfeld." |

Selim erklärt: | „In meiner Heimat, der Türkei, | sind dabei schon viele Menschen | verletzt worden oder gestorben, | zum Glück gibt es auch viele, | die den Not leidenden* Menschen helfen." | Lea sagt: | „Gegen ein solches Erdbeben können sich | die Menschen nicht schützen." | Paul fügt hinzu: | „Die Vulkanausbrüche zeigen, | dass unsere Erde seit ihrer Entstehung | noch lange nicht zur Ruhe gekommen ist." |

Nina erklärt: | „Manchmal kommt es | durch Vulkanausbrüche zu Erdbeben." | Aber Lukas weiß: | „Am häufigsten sind die Erdbeben, | die dadurch entstehen, | dass tief unter der Erde | die unterschiedlichen Platten zusammenstoßen."

141 Wörter

*auch: notleidenden

Aussagesatz mit nachgestelltem Begleitsatz

Steht der Begleitsatz nach der wörtlichen Rede, setzt man nach dem schließenden Anführungszeichen ein **Komma.** Innerhalb der wörtlichen Rede setzt man bei einfachen Aussagesätzen dann keinen **Punkt.**

Kamel und Ameise |

Es war einmal ein Kamel, | das durch den Wüstensand stapfte. | An einer Oase | traf es auf eine Ameise, | die Halme trug, | die viel größer und schwerer waren als sie selbst. |

„Du hast aber eine unglaubliche Ausdauer“, | sagte es. | „Die Dinge, die du trägst, | sind viel größer und schwerer als du selbst“, | stellte das Kamel fest. | „Und dennoch trägst du sie | mit Freude und Lust. | Mir werden die Kästen, | die man mir auflädt, | oft viel zu schwer“, | bemerkte das Kamel. |

„Das ist ganz einfach, | du großes Kamel“, begann die Ameise. | „Du arbeitest für deinen Herrn, | ich aber arbeite für mich“, | erklärte sie ihm, | packte ihre Halme und lief weiter.

111 Wörter

Frage- und Aufforderungssatz mit vorangestelltem Begleitsatz

Frage- und Ausrufezeichen stehen vor dem schließenden Anführungszeichen, wenn sie zum wörtlich wiedergegebenen Text gehören. Steht der wörtlich wiedergegebene Text nach dem Begleitsatz, dann steht nach dem schließenden Anführungszeichen kein **Punkt** mehr.

Anna und Paulina |

Als Anna gestern ihre Freundin Paulina | auf der Straße traf, | fragte sie sie: | „Stimmt es, dass du vor vierzehn Tagen | in Monte Carlo 100 000 Euro | beim Pferderennen gewonnen hast**?**“ | Paulina antwortete: „Ja, das stimmt, | aber es war nicht beim Pferderennen, | sondern beim Roulette**!**“ |

Anna erwiderte: | „Das finde ich aber klasse, | herzlichen Glückwunsch**!**“ | Paulina, die sehr genau wusste, | wie neidisch ihre Freundin Anna sonst immer war, | sagte: „Danke! Aber es war nicht in Monte Carlo, | sondern in Westerland! | Und dann waren es auch nicht 100 000 Euro, | sondern 100 Euro.“ |

Anna, die ihre heimliche Freude kaum verstecken konnte, | sagte zu Paulina: | „Na, das ist aber auch ganz schön**!**“ | Paulina entgegnete: | „Das finde ich aber auch! | Und dann habe ich sie nicht gewonnen, | sondern verloren, | aber sonst stimmts***!**“

128 Wörter

* *auch:* stimmt’s

5. KLASSE

Frage- und Aufforderungssatz mit nachgestelltem Begleitsatz

Wenn der Begleitsatz nach der wörtlichen Rede steht, setzt man ein **Komma** nach dem schließenden Anführungszeichen. **Ausrufezeichen** und **Fragezeichen** bleiben in der wörtlichen Rede erhalten.

Der Austausch |

„Gehen wir heute Nachmittag ins Kino?“, | fragt Leni ihre französische Austauschschülerin Louise | auf dem Heimweg von der Schule. | „Welchen Film möchtest du denn sehen?“, | fragt Louise nach. | „Am liebsten würde | ich den neuen Star-Wars-Film anschauen“, sagt Leni. | „In den Film gehe ich nicht, | der ist mir zu brutal!“, erklärt Louise ihr. |

„Hast du Lust, | mit mir gemeinsam einen Urlaub zu verbringen?“, | fragt Louise ihre Freundin Leni. | „Ja, gerne, das ist eine tolle Idee!“, | sagt Leni begeistert. „Wo sollen wir denn hinfahren?“, fragt sie nach. | „Was hältst du vom Elsass?“, schlägt Louise vor. | „Das ist ein guter Vorschlag!“, bekräftigt Leni. | „Können meine Eltern dort auch Deutsch sprechen, | wenn ihnen die französischen Worte nicht mehr einfallen?“, | erkundigt sie sich. | „Aber sicher! Das Elsass gehörte | ja mal zu Deutschland. | Deswegen sprechen dort noch viele Deutsch“, erklärt sie Leni. | „Glaubst du, dass sich unsere Eltern verstehen, | wenn sie sich sehen?“, | fragt Louise ein wenig unsicher. | „Auf jeden Fall!“, sagt Leni.

158 Wörter

Wörtliche Rede: Zusammenfassung

Die Regeln zur Zeichensetzung bei wörtlicher Rede kannst du mit den Diktaten auf Seite 152 bis 157 überprüfen. Dort findest du auch die Regeln, die dir bei folgendem Diktat helfen.

Im Freizeitpark |

„In einen Freizeitpark zu fahren, | war auf jeden Fall die richtige Entscheidung“, | sagte Rebecca zu ihrer Nachbarin im Bus. | „Besonders bei diesem guten Wetter!“, bekräftigte diese. | Emre fragte: „Was machen wir denn zuerst?“ |

Moritz war ganz erstaunt: | „Warst du denn noch nie hier?“ | „Das Tollste hier“, erklärte er sofort, „ist die Wildwasserbahn.“ | „Damit man dort nicht so lange anstehen muss“, | schaltete sich Lena ein, | „sollte man morgens dorthin gehen.“ | Sie fügte hinzu: | „Dann sind noch nicht so viele Besucher im Park.“ |

„Ich möchte als Erstes in die Delfinshow*“, sagte Marvin. | Philipp stimmte ihm zu: | „Es ist wirklich beeindruckend, was diese Tiere alles können.“ | „Eine Fahrt mit der Geisterbahn“, schlug Paula vor, | „sollten wir aber auch machen.“ | „Die Effekte sind manchmal so gruselig*, | dass ich mich wirklich erschrecke“, gab Moritz ehrlich zu. | Alina tat ganz cool: „Also ich finde das kindisch. | Ich werde auf jeden Fall zur Gokartbahn gehen | und dort über die Piste jagen“, verkündete sie, | auf Bewunderung hoffend. |

Jonas dachte nur ans Essen: | „Gibt es hier denn auch ein vernünftiges Hamburgerrestaurant?“ | „Na klar!“, sagte Sarah, die ihn sofort begleiten wollte.

183 Wörter

* *auch:* Delphinshow · gruslig

Anführungszeichen bei Zitaten

Zitate sind Teile aus anderen Texten. Wenn man wörtliche Übernahmen aus geschriebenen oder gesprochenen Texten schreibt, muss man dies mit Anführungszeichen kenntlich machen. Das Zitat selbst darf dabei nicht verändert werden.

Das Interview |

Aylin hat mit dem neuen Lehrer an der Schule ein Interview geführt, | das sie zusammengefasst hat: |

Herr Stecher sitzt mir in unserer Cafeteria gegenüber und isst, | „um etwas für seine Figur zu tun“, genüsslich ein Stück Bienenstich. | Auf den ersten Blick sollte man gar nicht meinen, | dass dieser entspannt wirkende Mann | nach eigenen Angaben „meistens eher Hummeln im Hintern“ hat. | Neben seiner normalen Lehrertätigkeit leitet er noch die Theater-AG | und organisiert für die Schülerinnen und Schüler Fahrten zu „guten Theaterinszenierungen“ in der Umgebung. | Am Wochenende pfeift er als Schiedsrichter Bezirksligaspiele | und lernt dabei, wie er selbst sagt, | „die schönsten Ecken unserer Region kennen“. | Außerdem spielt er in einer Kabarettgruppe, | die „sich hauptsächlich aus Freude am gemeinsamen Spielen“ zusammengefunden hat. | Vielleicht können wir ihn ja demnächst auch einmal in unserer Schule | in seiner „Paraderolle als Wolfgang-Petri-Imitator“ bewundern. |

An der Schule gefallen ihm besonders die Klassenfahrten in Freizeitparks, | „weil dort alle Kids zufrieden sind“. | Seinen Urlaub verbringt der gebürtige Sauerländer | am liebsten mit „ausgedehnten Bergtouren in schwindelnden Höhen“.

168 Wörter

8.8 Zeichensetzung gemischt

Die verschiedenen Satzzeichen

Mit den folgenden Diktaten kannst du noch einmal alle Satzzeichen, die in Kapitel 8 behandelt wurden, wiederholen (↑ S. 118–155).
Denke daran: Es werden keine Satzzeichen diktiert.

Ein großartiges Wiedersehen |

Mias Großeltern wohnen | seit etwa zehn Jahren in Australien. | Sie sind | in die Großstadt Perth ausgewandert. | Der Großvater bekam eine gute Stelle | in einem amerikanischen Unternehmen angeboten, | und die Großmutter wollte schon immer einmal | in einem anderen Land leben. | Da ihre Kinder selbst schon erwachsen waren | und eine eigene Familie hatten, | wagten sie den großen Schritt. | Sie haben es nicht bereut. | In Australien fühlen sie sich sehr wohl. |

Allerdings sind sie traurig, | dass sie ihre Kinder und Enkelkinder | so selten sehen können. |

Auch Mia vermisst ihre Großeltern. | Deshalb freut sie sich immer sehr, | wenn diese ihren Besuch ankündigen. |

Heute ist es also so weit. | Mias Vater hat die Großeltern vom Flughafen abgeholt, | und nun stehen sie vor der Tür. | Mia rennt ihnen entgegen. | Nach einer großen Begrüßung | gibt es Kaffee und Schwarzwälder Kirschtorte. |

Wenn Mia 18 Jahre alt ist, | darf sie die Großeltern für längere Zeit alleine besuchen. | Darauf freut sie sich schon.

156 Wörter

Nie hast du Zeit für mich! |

„Mama, kannst du mich für die Englischarbeit | morgen abhören?“, | fragte ich dich. | Deine Antwort war: | „Es tut mir leid, mein Schatz, | aber ich bin gerade am Arbeiten.“ |

Am nächsten Tag | versuchte ich es erneut: | „Mama, ich brauche neue Hefte. | Kannst du mit mir einkaufen gehen?“ | „Tine, ich bin gerade am Aufräumen. | Hier sind zehn Euro, | kauf dir die Sachen doch schnell alleine.“ |

„Mama, ich möchte mein Zimmer umräumen. | Hilfst du mir?“ | Die Antwort war zu erwarten: | „Der Garten muss in Ordnung gebracht werden. | Wir räumen dein Zimmer morgen um!“ |

Da platzte mir der Kragen. | „Nie hast du Zeit für mich! | Immer ist alles andere wichtiger!“, | schrie ich dich wütend an. |

Da nahmst du mich in den Arm | und meintest: | „Momentan ist so viel los(,) | und es muss so vieles gemacht werden. | Aber morgen habe ich nur Zeit für dich! | Wir machen uns einen schönen Tag. | Was meinst du?“ |

Da war ich wieder ganz glücklich.

160 Wörter

Renovieren |

Amber hat den Plan, | ihr Zimmer zu streichen. | Dazu war sie bereits mit ihrer Mutter im Baumarkt, | um Farbe zu kaufen. | Sie hat sich für Orange und Braun entschieden. |

Bevor es ans Streichen geht, | muss sie die Möbel | in die Mitte des Zimmers rücken | und abdecken. | Das hat sie mit ihren Eltern | bereits am Vortag gemacht,| um keine Zeit zu verlieren. |

Nun zieht sie sich alte Kleider an, | um nichts zu verschmutzen. | Dann legt sie auf dem Fußboden alte Decken aus. | Ihr Vater hilft ihr(,) | den Farbeimer aufzumachen | und die Farbe gut umzurühren. |

Mit der Farbwalze geht es dann recht schnell. | Zwei Wände streicht sie braun, | zwei Wände orange. | Zum Schluss bessert sie noch einige Stellen | mit dem Pinsel aus. | Dann sieht sie sich im Zimmer um | und freut sich, | dass sie nichts verschmiert hat. |

Nun muss die Farbe noch trocknen, | dann kann sie ihr Zimmer neu einrichten. | Jetzt erst merkt Amber, | dass sie ganz schön müde ist. |

Dass Renovieren* so anstrengend ist, | das hätte sie nicht gedacht!

169 Wörter

*auch: renovieren

Ein guter Deal |

„Ich habe ja bald Geburtstag“, | beginnt Leif langsam, | „und ihr habt euch sicher schon gefragt, | was ihr mir schenken könnt.“ | Sein Vater schmunzelt. | „Natürlich, | das fragen wir uns täglich“, | antwortet er lächelnd. | „Bestimmt hast du schon eine gute Idee!“ |

Darauf hat Leif gewartet. | „Ich will das Schlagzeugspielen lernen!“, | platzt es aus ihm heraus. | Die Eltern sind verblüfft. | „Wie kommst du denn darauf?“ |

„Unser Musiklehrer will eine Schulband gründen(,) | und ich möchte gerne mitmachen. | Na ja, außerdem glaube ich, | dass die Mädchen Schlagzeuger super finden.“ | Da müssen die Eltern laut lachen. | Dann meint die Mutter: | „Ich glaube nicht, | dass das ein guter Grund | zum Erlernen eines Instrumentes ist!“ | Doch der Vater ist anderer Meinung: | „Ich finde, dass es schlechtere Gründe gibt!“, | sagt er langsam, | wobei er sich ein weiteres Lachen nicht verkneifen kann. |

„Also bekomme ich ein Schlagzeug?“, | fragt Leif hoffnungsvoll. |

„Ich schlage dir einen Deal vor“, | erwidert der Vater. | „Du bekommst zehn Probestunden | bei einem Schlagzeuglehrer geschenkt. | Wenn es dir danach noch Spaß macht | und du fleißig übst, | dann reden wir weiter. | Abgemacht?“ |

Der Vater streckt Leif seine Hand hin. | Leif schlägt ein. |

Auf diesen Deal kann er sich einlassen.

193 Wörter

Die Radtour |

Weil wir für die erste Etappe nur knapp 50 Kilometer eingeplant hatten, | sind wir am ersten Tag erst gegen Mittag aufgebrochen. | Strahlend blauer Himmel, ein leichter kühlender Wind und unsere gute Laune | motivierten uns(,) kräftig in die Pedale zu treten. | So erreichten wir viel schneller als geplant unseren ersten Campingplatz, | auf dem wir einen schönen Stellplatz bekamen. |

Natürlich waren wir im Zeltaufbauen noch nicht so geübt, | sodass wir relativ lange benötigten. | Danach haben wir uns gegenseitig, | ohne unsere Radkleidung auszuziehen, | in den Swimmingpool geworfen. | Am Abend haben wir auf unseren Kochstellen Nudeln gekocht, | bevor wir uns noch in einer nahe gelegenen* Disco* vergnügt haben. |

Natürlich sind wir am nächsten Morgen trotzdem früh aufgestanden, | damit wir unsere Tagesetappe bewältigen konnten. | Lea schien von unserem Discobesuch* noch ein wenig angeschlagen zu sein. | Hast du schon mal eine Schlafwandlerin auf einem Fahrrad gesehen? |

Erst in der Mittagspause begann sie(,) | sich langsam zu erholen. | Am Abend haben wir es dann zum ersten Mal gewagt, | frischen, gut gewürzten Fisch zu grillen. | Eine wahre Delikatesse! | Da einige von uns schon ihren ersten Muskelkater hatten, | haben wir uns am nächsten Tag ausgeruht.

187 Wörter

* *auch:* nahegelegenen · Disko · Diskobesuch

Das Lamm und der Wolf |

Ein Lämmchen löschte an einem Bach seinen Durst. | Weiter weg von ihm tat ein Wolf das Gleiche. | Kaum erblickte er das Lämmchen, so schrie er: | „Warum trübst du mir das Wasser, das ich trinken will?“ | „Wie wäre das möglich“, erwiderte das Lämmchen schüchtern, | „ich stehe hier unten und du so weit oben, | das Wasser fließt ja von dir zu mir. | Glaube mir, es kam mir nie in den Sinn, dir etwas Böses zu tun!“ |

„Ei, sieh doch! | Du machst es gerade wie dein Vater vor sechs Monaten. | Ich erinnere mich noch sehr wohl, | dass auch du dabei warst, aber glücklich entkamst, | als ich ihm für sein Schmähen das Fell abzog!“ | „Ach, Herr!“, flehte das zitternde Lämmchen, | „ich bin ja erst vier Wochen alt und kannte meinen Vater gar nicht, | so lange ist er schon tot. | Wieso sollte ich dann für ihn büßen?“ |

„Du Unverschämter!“, beendete der Wolf mit erheuchelter Wut seine Rede, | indem er die Zähne fletschte. | „Tot oder nicht tot, ich weiß genau, | dass euer ganzes Geschlecht mich hasst, | und dafür muss ich mich rächen.“ | Ohne weitere Umstände zu machen, zerriss er das Lämmchen und verschlang es. |

So suchen auch die größten Bösewichte nach einem Vorwand, | um ihr Gewissen zu beruhigen.

(Nach dem griechischen Dichter Äsop)

207 Wörter

Clevere Diktatetipps

In diesem Kapitel erfährst du alles Wichtige rund ums Diktateschreiben. Denn wenn du weißt, wie du richtig übst und wie du am besten vorgehst, wenn du unsicher bist, sind Rechtschreibung und Zeichensetzung gar nicht mehr so schwer!
Diktate werden in der Schule geschrieben (↑ S. 164) und benotet, du kannst sie aber auch zu Hause üben.

1 Diktate zu Hause üben – aber wie?

Diktate kannst du auf viele verschiedene Arten üben. Überlege zunächst, welchen Bereich der Rechtschreibung du üben möchtest; wenn du erst herausfinden möchtest, welches deine Schwachstellen sind, lies zunächst auf Seite 173 weiter.
Wenn du jedoch bereits weißt, welche Art von Fehlern du (besonders) häufig machst, wähle im Inhaltsverzeichnis einen passenden Text deiner Klassenstufe aus und suche eine der folgenden Diktatformen aus, je nachdem, ob du allein bist oder ob du mit einem Partner – zum Beispiel einem Klassenkameraden – übst.

- **Das Eigendiktat**
  Bei dieser Form des Diktateübens liest du zunächst den kompletten Text einmal durch. Nimm dann ein Stück Papier oder Pappe und decke den Text so ab, dass du nur eine Textzeile siehst. Merke dir diese Zeile und schreibe sie auf. Arbeite dich so Satz für Satz bis ans Ende durch.

- **Das Schleichdiktat (Laufdiktat)**
  Lies den Text einmal durch. Lege ihn dann an eine Stelle, zu der du von deinem Arbeitsplatz aus hingehen musst. Lies einen Textabschnitt, gehe an deinen Arbeitsplatz und schreibe den Text auf. Steh auf, gehe zum Text und merke dir den nächsten Textabschnitt. Gehe zurück zu deinem Arbeitsplatz und schreibe auch diesen Abschnitt auf. Arbeite dich so durch das ganze Diktat.

Das selbst erstellte Audiodiktat
Lies den Text einmal durch. Nimm ihn dann mit einem Aufnahmegerät – etwa einem MP3-Player mit Aufnahmefunktion oder mit dem Handy – auf. Lass beim Sprechen Pausen zwischen den einzelnen Diktierabschnitten. An diesen Stellen kannst du später die Wiedergabe stoppen, um den Abschnitt zu schreiben.

Das Partnerdiktat
Lass dir den Text von jemandem diktieren. Dein Partner schaut dir beim Schreiben über die Schulter und sagt dir nach jedem Satz, ob du einen Fehler gemacht hast. Wenn du den Fehler nicht selbst findest, gibt er dir einen Tipp. Du kannst deinen Partner natürlich auch schon beim Schreiben fragen, wenn du bei einem bestimmten Wort unsicher bist.

Für alle Diktatformen gilt: Lies den Text am Ende des Diktats noch einmal durch. Korrigiere dabei Fehler, die du entdeckst. Schwierige Wörter kannst du im Wörterbuch nachschlagen (↑ S. 175). Vergleiche den Text dann mit der Vorlage und streiche Fehler an, am besten farbig.

2 Ideale Lernbedingungen schaffen: Was du tun kannst

Dein Schreibtisch

Egal ob du Vokabeln, Regeln oder Merkwörter lernst: Ohne Konzentration läuft gar nichts. Voraussetzung dafür ist ein aufgeräumter Arbeitsplatz. Bevor du mit dem Lernen anfängst, räumst du daher am besten deinen Schreibtisch auf, denn du kannst nicht konzentriert lernen, wenn dich zu viele Dinge ablenken.
Achte darauf, dass die wichtigsten Nachschlagewerke (↑ S. 175) in der Nähe deines Schreibtischs sind.

Keine Ablenkungen

Achte auch darauf, dass du an einem ruhigen Ort lernst, wo du nicht gestört wirst. Dröhnende Musik, ein laufender Fernseher oder Gespräche von anderen können dich daran hindern, dich zu konzentrieren.

Die richtige Lernzeit

Jeder Mensch hat seine persönliche Lernzeit, und du kannst nicht zu jeder Tageszeit gleich gut lernen. Finde heraus, wann du dich am besten konzentrieren kannst, und übe dann regelmäßig immer zur gleichen Zeit. Auch das macht das Lernen leichter!

Konzentrationsübungen und Merkspiele

Sich konzentrieren bedeutet, wirklich nur das zu tun, was man gerade tut. Um deine Konzentrationsfähigkeit zu steigern, brauchst du zwar etwas Geduld. Doch wenn du regelmäßig übst, kannst du sie stetig verbessern. So kannst du trainieren:

- Versuche einen Zungenbrecher möglichst genau aufzusagen, zum Beispiel „Fischers Fritz fischt frische Fische“.
- Spiele mit deinen Freunden ein Konzentrationsspiel: Ein Mitspieler legt etwa 15 bis 20 Gegenstände auf den Tisch. Die anderen schauen sich diese 1 Minute an, dann wird ein Tuch darübergelegt. Anschließend schreibt jeder Mitspieler auf, an welche Gegenstände er sich erinnern kann.
- Beim „Kofferpacken-Spiel“ beginnt einer mit dem Satz: „Ich packe meinen Koffer und nehme ... mit.“ Der Nächste wiederholt den Satz, nennt den Gegenstand, den der Erste „eingepackt“ hat, und ergänzt den Kofferinhalt um einen weiteren. Wer beim Aufzählen einen Fehler macht oder ein Teil vergisst, hat verloren.
- Das Lösen von Kreuzworträtseln, Buchstabengittern und Bilderrätseln fördert ebenfalls die Konzentration!

3 Das Diktat in der Schule

3.1 Vor dem Diktat

Wann kommt das nächste Diktat?

Oft kannst du schon vor der offiziellen Ankündigung deiner Lehrerin / deines Lehrers erkennen, ob bald ein Diktat ansteht: So können etwa Übungsdiktate oder die Wiederholung von Rechtschreibstrategien (↑ S. 171) Hinweise auf eine anstehende Klassenarbeit sein.

Sich richtig vorbereiten und rechtzeitig aufhören!
Achte darauf, dass du frühzeitig mit dem Lernen beginnst und immer regelmäßig den Unterrichtsstoff wiederholst. Bei der Vorbereitung solltest du auf keinen Fall zu viel auf einmal lernen. Teile dir den Lernstoff ein und lerne jeden Tag ein bisschen. Am Nachmittag vor dem Diktat solltest du dann mit dem Lernen aufhören.

10 Minuten vor dem Diktat – kein Stress!
Gegen Anspannung und Stress hilft am besten Bewegung. Spaziere in der Pause vor dem Diktat eine Runde über den Schulhof und rufe dir vergangene Erfolgserlebnisse in Erinnerung. Achte nicht auf die Mitschüler, die die ganze Zeit darüber reden, wie unglaublich schwierig das Diktat wird. Sie stecken dich sonst mit ihrer Unruhe an.

Letzte Vorbereitungen
Schau kurz vor dem Diktat noch einmal, ob dein Füller genug Tinte hat. Setze im Zweifelsfall lieber eine neue Patrone ein, damit du sie nicht während des Schreibens wechseln musst. Überprüfe auch, ob noch genügend Platz im Diktatheft ist. Lege eventuell ein Ersatzheft bereit.

3.2 Während des Diktats

In der Schule gehen die meisten Lehrerinnen und Lehrer beim Diktieren nach einem bestimmten Muster vor.

1. Zunächst wird der gesamte Diktattext einmal vorgelesen, damit du den Text kennenlernen und seinen Sinn verstehen kannst.
2. Danach wird jeder Satz einzeln vorgelesen, damit du den Satz kennenlernst und auch seine grammatische Struktur verstehst.
3. Da ein ganzer Satz meist zu lang ist, um ihn sich ganz zu merken, wird er anschließend in Teilabschnitten, die in den Übungsdiktaten dieses Bandes mit | gekennzeichnet sind, diktiert.
4. Satz für Satz werden nun Schritt 2 und 3 für den gesamten Text wiederholt.
5. Am Ende wird das ganze Diktat noch einmal vorgelesen.
6. Danach hast du Zeit, deinen Text zu kontrollieren und zu verbessern.

Diktate mit System schreiben

Die folgenden fünf Regeln helfen dir dabei, ein Diktat strukturiert und systematisch anzugehen:

Fünf Regeln für ein fehlerfreies Diktat

1. Sich konzentrieren
2. Lücken lassen
3. Schwierige Wörter markieren
4. Mitdenken
5. Genau kontrollieren

1. Sich konzentrieren

Konzentriere dich ganz auf deine Lehrerin / deinen Lehrer, wenn sie bzw. er den gesamten Diktattext vorliest. Achte beim ersten Lesedurchgang auf den Sinn des Textes.

Beim Vorlesen der einzelnen Sätze richtest du deine Aufmerksamkeit auf den Inhalt des Satzes und seine Struktur.

2. Lücken lassen

Wenn du ein Wort beim Schreiben nicht genau verstanden hast, lässt du eine Lücke. Wenn der Satz am Ende noch einmal wiederholt wird, kannst du die Lücke füllen.

3. Schwierige Wörter markieren

Wenn du nicht genau weißt, wie ein Wort geschrieben wird, kennzeichne es, damit du die Stelle später wiederfindest. Schaue es dir dann genauer an, wenn du das Diktat am Schluss kontrollierst.

4. Mitdenken

Überlege bei schwierigen Wörtern in der Zeit, die du zum Korrigieren hast, mit welcher Strategie (↑ S. 170) du die richtige Schreibweise erschließen kannst. Stelle dir zum Beispiel folgende Fragen:

- Ist das Wort ein Eigenname oder ein Substantiv (Nomen)?
- Kannst du es verlängern, um einzelne Laute besser zu hören?
- Lässt sich das Wort zerlegen oder kennst du ein verwandtes Wort, zum Beispiel aus der Wortfamilie?

5. Genau kontrollieren

Lies dein Diktat am Ende ganz genau durch.

- Zunächst von vorne nach hinten: Prüfe, ob du alle Satzzeichen gesetzt hast und ob jeder Satz sinnvoll ist. Fehlt irgendwo ein Wort?
- Dann ein weiteres Mal von hinten nach vorne. Auf diese Weise nimmst du die Wörter aus ihrem Sinnzusammenhang und kannst Fehler nicht so leicht übersehen. Hast du auch keinen Buchstaben vergessen oder vertauscht?
- Achte auch darauf, dass alles sauber geschrieben und gut lesbar ist.

3.3 Nach dem Diktat ist vor dem Diktat

Wenn du das Diktat zurückbekommen hast, sieh dir deine Fehler genau an (↑ S. 173). Finde heraus, welche Art von Fehlern dir besonders oft passiert. Das können etwa Fehler sein, die mit der Großschreibung von substantivierten Wörtern oder mit der Kommasetzung zu tun haben. Wenn du deine typischen Fehler kennst, kannst du effektiver üben.

4 Aufgepasst und zugehört!

4.1 Wirklich *alles* mitgehört?

In vielen Fällen kannst du schon durch genaues Zuhören erkennen, wie ein Wort geschrieben wird oder welche Satzzeichen gesetzt werden müssen. Achte beim Vorlesen des Diktats daher genau auf die Betonung und die Stimme deiner Lehrerin oder deines Lehrers.

- Folgt eine Sprechpause auf einen vollständigen Satz, musst du einen Punkt setzen.
- Fragen werden mit einem Fragezeichen abgeschlossen, das Ausrufezeichen steht nach einem Aus- oder Zuruf, nach Befehlen und Anreden oder wenn eine Aussage hervorgehoben werden soll.
- Eine Sprechpause verrät dir oft, wo ein Komma gesetzt werden muss.
- Wörtliche Rede, Aufzählungen oder Einschübe kannst du ebenfalls an der Art und Weise erkennen, wie der Diktattext vorgelesen wird.

4.2 Gut zuhören – weniger Fehler machen

Achte beim Vorlesen des Diktats genau auf die einzelnen Laute eines Wortes. Wenn du beim Schreiben unsicher bist, kann es helfen, wenn du dir einzelne Wörter leise vorsprichst. Bei langen Wörtern ist es außerdem hilfreich, sie in Silben zu gliedern. So lässt sich der Wortaufbau leichter erfassen und du vermeidest Fehler. Bei folgenden, sehr ähnlich klingenden Lauten musst du besonders gut aufpassen:

Schwierige Konsonanten und Vokale

- **b oder p? d oder t? g oder k?**
  Im Anlaut, das heißt zu Beginn eines Wortes, werden *b, d* und *g* weich ausgesprochen, *p, t* und *k* dagegen hart. Im Wortinneren klingen sie oft sehr ähnlich. In Zweifelsfällen hältst du beim Sprechen einfach die Hand vor den Mund: Bei *p, t* und *k* spürst du den Luftstrom. Um herauszufinden, mit welchem Konsonant ein Wort endet, wende die Verlängerungsprobe (↑ S. 171) an. (↑ Diktate, S. 68–70, 73)
- **f, v oder ph?**
  Die meisten Wörter werden mit *f* geschrieben, nur wenige mit *v*. Fremdwörter werden manchmal auch mit *ph* geschrieben.
  Beispiele: *Vogel, wundervoll, Phase, Katastrophe.* (↑ Diktat, S. 71). Auch die Vorsilben *ver-* und *vor-* werden mit *v* geschrieben:
  Beispiele: *verraten, Vorlauf.*
- **w oder v?**
  Es gibt wenige Wörter, bei denen man ein *w* hört, die aber mit *v* geschrieben werden.
  Beispiele: *Klavier, violett, Vase.*
- **e oder ä?**
  e und *ä* klingen sehr ähnlich oder gleich. Da sich die meisten Wörter mit *ä* von einem Wort mit *a* ableiten lassen, kannst du die Ableitungsprobe machen (↑ S. 171). (↑ Diktate, S. 64–66)
- **eu oder äu?**
  Zwischen *eu* und *äu* ist kein Unterschied zu hören. Hier hilft dir die Suche nach verwandten Wörtern weiter (↑ S. 171). (↑ Diktat, S. 66)
- **ei oder ai?**
  Es gibt nur wenige Wörter, die mit *ai* geschrieben werden.
  Beispiele: *Saite, Detail, Waisenkind.* (↑ Diktat, S. 67)

Lang oder kurz?

- **Dehnungs-h**
  Manchmal weisen lange Vokale ein Dehnungs-h auf.
  Beispiele: *Lehm, Zahn, dehnen.* (↑Diktat, S. 49)
- **Doppelvokale**
  Ein lang gesprochener Vokal wird manchmal verdoppelt.
  Beispiele: *Moos, leer, Aal.* (↑Diktat, S. 48)
- **Langes i statt ie**
  Meistens wird die Dehnung beim langen *i* mit einem *e* markiert, *(Tier, vier, Sieger)*. Bei manchen Wörtern wird aber nur ein einfaches i geschrieben *(Krokodil, direkt)*. (↑Diktate, S. 50–51, 100–101)

Besondere Laute und Silben

- **x-Laut: ks, cks, gs, chs oder x?**
  Dieser Laut kann unterschiedlich geschrieben werden.
  Beispiele: *Klecks, unterwegs* oder *wachsen*.
  Feste Regeln zur Schreibweise gibt es nicht, manchmal hilft es aber, wenn du nach verwandten Wörtern suchst (↑S. 171).
  Beispiel: *anfangs – der Anfang*. (↑Diktat, S. 72)
- **s oder ß?**
  In der Regel wird das *s* weich gesprochen, das *ß* scharf gesprochen. Im Auslaut, also am Ende des Wortes, hörst du allerdings sowohl bei *s* als auch bei *ß* immer einen scharfen Laut. Um herauszufinden, wie ein Wort am Ende geschrieben wird, kannst du die Verlängerungsprobe (↑S. 171) machen. (↑Diktate, S. 80–89)
- **s bei zusammengesetzten Substantiven**
  Manchmal werden zusammengesetzte Substantive mit einem *s* verbunden, das man schnell überhört.
  Beispiele: *Geburt-s-tag, Advent-s-zeit.*
- **Schwierige Buchstabenverbindungen**
  sp, st, qu und *ch* sind schwierige Buchstabenverbindungen, auf die du achten solltest.
  Beispiele: *Spargel, Sternstunde, Quitte, Nachrichten.*
- **-ig oder -lich?**
  Bei den Adjektivendungen *-ig* und *-lich* kannst du im Zweifelsfall die Verlängerungsprobe (↑S. 171) machen. (↑Diktat, S. 74)

4.3 Achtung! Schwierige Merkwörter

Bei manchen Wörtern kannst du die Schreibweise weder durch genaues Zuhören herausfinden noch mit einer Regel überprüfen. Diese Merkwörter – auch Lernwörter genannt – musst du lernen. Damit dir das leichter fällt, kannst du verschiedene Merktechniken wie Lernkartei, Merkzettel oder Merkhilfen verwenden (↑ S. 174).

5 Prüfmethoden und Rechtschreibstrategien

5.1 Prüfmethoden

Wenn du bei der Kontrolle eines geschriebenen Textes systematisch vorgehst, kannst du Fehler leichter finden. Wenn du die folgenden fünf Punkte kennst, hast du einen praktischen Leitfaden, mit dem du *alle* Diktate durchsehen kannst.

Dein 5-Punkte-Korrekturprogramm

1. **Anfang und Ende kontrollieren**
   Sind alle Satzanfänge großgeschrieben und alle Satzschlusszeichen gesetzt?
2. **Schwierige Wörter prüfen**
   Hast du alle markierten Wörter überprüft und alle Lücken, die du beim Schreiben gelassen hast, gefüllt?
3. **Richtig trennen**
   Sind alle Wörter richtig getrennt?
4. **Sinnvolle Sätze**
   Sind alle Sätze vollständig und hast du kein Wort vergessen?
5. **Lies, was da steht!**
   Hast du jedes Wort überprüft und stimmen die Endungen?

5.2 Zehn Strategien für eine bessere Rechtschreibung

Du kannst verschiedene Strategien, also Vorgehensweisen anwenden, um herauszufinden, wie ein Wort geschrieben wird.

1. Verlängerungsprobe

Häufig sind Konsonanten am Ende eines Wortes schwer zu erkennen. Um herauszufinden, mit welchem Konsonanten es endet, verlängere es.

- Bei Substantiven bildest du den Plural.
  Beispiele: *das Hemd – die Hemden, das Gras – die Gräser, der Fuß – die Füße.*
- Bei Verben bildest du die Grundform.
  Beispiel: *Sie schrieb – schreiben.*
- Bei Adjektiven bildest du eine Steigerungsform.
  Beispiele: *klug – klüger, fies – fieser.* (↑Diktate, S. 68–70, 81)

2. Ableitungsprobe

- Die meisten Wörter mit *ä* lassen sich von einem Wort mit *a* ableiten. Suche deshalb verwandte Wörter mit *a* oder *au*.
  Beispiele: *Räuber – Raub, Kälte – kalt.* Im Unterschied dazu: *Eule, selten.* (↑Diktate, S. 64, 66)
- Auch die richtige Schreibweise von x-Lauten lässt sich manchmal so herausfinden:
  Beispiel: *Klecks – kleckern.* (↑Diktat, S. 72)

3. Gleichen Wortstamm suchen

Wörter mit gleichem Wortstamm werden auch gleich geschrieben:
Beispiel: *Fehler, fehlerhaft, fehlen.*

4. Wortbausteine analysieren

Das Zerlegen von Wörtern erleichtert oft das richtige Schreiben.
Beispiele: *ab-brems-en, Vor-runde, Ballett-tänzer, ver-rutsch-en.*

5. Vokallänge beachten

Auf einen kurzen, betonten Vokal folgen immer mindestens zwei Konsonanten.

- Das können entweder verschiedene sein *(Heft, Rast, Fenster)* oder

- der folgende Konsonant wird verdoppelt *(Kamm, Zettel).* (↑Diktate, S. 56–57)
- Vorsicht bei *z* und *k*! *zz* wird dann zu *tz* und *kk* meist zu *ck*. (↑Diktat, S. 59)

6. s, ss oder ß?

- Nach einem kurzen Vokal folgt fast immer *ss*.
- Nach einem langen Vokal und nach einem Diphthong (Doppelvokal) steht *s* oder *ß*.
  Beispiele: *Spaß, Maus.*
- Nach Konsonanten und am Wortanfang steht immer nur ein *s*.
  Beispiele: *Erbse, Sinn.* (↑Diktate, S. 80–89)

7. Ersatzprobe bei das oder dass

- *Das* mit einem *s* schreibt man immer dann, wenn man *das* durch *ein, welches, dieses* oder *jenes* ersetzen kann.
- *Dass* mit *ss* dagegen lässt sich durch kein anderes Wort ersetzen. (↑Diktate, S. 90–99)

8. Artikel- oder Begleitprobe bei Substantiven

Prüfe, ob vor dem Substantiv ein Artikel steht oder ob du vor das schwierige Wort einen Artikel oder eine unbestimmte Mengenangabe setzen könntest, wenn nichts da steht. Gelingt die Probe, ist es ein Substantiv und du schreibst es groß.
Beispiel: *Mit Paul macht (das) Spielen Spaß.* (↑Diktate, S. 20–22)

9. Versteckte Artikel suchen

Manche Präpositionen wie *beim, im* oder *zum* sind mit einem Artikel verschmolzen. Verben, die in Kombination mit diesen Wörtern stehen, werden immer großgeschrieben.
Beispiel: *Ich gehe zum Schwimmen.*

10. Eselsbrücken

Manche knifflige Schreibweisen merkst du dir am besten mit einer Eselsbrücke:

- *Nach l, m, n, r, das merke ja, steht nie tz und nie ck.*
- *Wer nämlich mit h schreibt, ist dämlich!*

6 So bekommst du Fehler in den Griff

6.1 Die Fehleranalyse danach

Bei einem Diktat kann man eine Menge unterschiedlicher Fehler machen. Meist unterlaufen einem aber immer wieder die gleichen. Deshalb ist es wichtig, dass du dir dein Diktat noch einmal ganz genau anschaust und herausfindest, wo du die meisten Fehler gemacht hast:

- Ist es eher die Rechtschreibung oder die Kommasetzung?
- Treten bestimmte Fehler gehäuft auf? Hast du zum Beispiel immer Probleme mit dem *s*-Laut oder bist du dir nicht sicher, wann man Wörter auseinander- und wann zusammenschreibt? Oder passieren dir oft Buchstabendreher oder lässt du Buchstaben aus?
- Liste auf einem DIN-A4-Blatt alle Fehlertypen, die du machst, auf.
- Nimm auch noch einmal deine letzten drei Diktate zur Hand, um deine Fehlerschwerpunkte genauer zu analysieren.
- Übe den Bereich, bei dem du die größten Schwierigkeiten hattest, ganz gezielt mit einem Übungsdiktat zum entsprechenden Thema.
- Anschließend nimmst du dir weitere Fehlerschwerpunkte vor.
- Überlege aber auch, ob du bei der Vorbereitung etwas verbessern kannst: Hast du vielleicht zu viel auf einmal gelernt oder hast du zu spät mit der Vorbereitung begonnen? Hast du das Richtige gelernt?

6.2 Clevere Lernmethoden zur richtigen Rechtschreibung

Neben dem Diktat gibt es noch andere Wege, die Rechtschreibung zu trainieren und Fehler in den Griff zu bekommen. Je abwechslungsreicher du übst, desto leichter kannst du das Gelernte behalten. Beim Lernen und bei der Vorbereitung können dir die Methoden auf der nächsten Seite helfen:

Lernkartei: Merkwörter und problematische Wörter kannst du mit einer Lernkartei üben. Die Merkwörter für jedes Rechtschreibthema sind in den Diktaten orange hervorgehoben. Du kannst sie dir als Lernkartei per Download **www.duden.de/lernkartei** auf deinen Computer holen und auf etwas stärkerem Papier ausdrucken. Die einzelnen Kärtchen, auf denen die Wörter stehen, kannst du dann als Karteikarte ausschneiden und in einen Karteikasten einsortieren; eine Vorlage dafür kann ebenfalls unter dem oben genannten Link heruntergeladen werden. Zum Lernen gehst du dann folgendermaßen vor: Lass dir ein Wort diktieren oder sieh dir eine Karte genau an, lege sie beiseite und schreibe das Wort auf. Wenn du es richtig geschrieben hast, wandert die Karte in das nächste Fach. Bei einem Fehler bleibt es im ersten. Ein- bis zweimal im Monat nimmst du dir die Karten aus dem zweiten Fach vor, um zu überprüfen, ob du sie noch kannst. Die Wörter, die sitzen, kommen wieder ein Fach weiter, die anderen wandern zurück ins erste Fach usw.

Wörter für die Zimmerwand: Schreibe fehlerträchtige Wörter auf einen Zettel und hänge ihn dort auf, wo du ihn immer wieder sehen kannst, zum Beispiel an den Badezimmerspiegel oder an deine Zimmerwand. So kannst du dir Wörter beim Zähneputzen oder im Vorbeigehen einprägen. Wechsle nach ein paar Tagen den Zettel aus.

Die Nicht-vergessen-Methode: Hast du immer wieder Probleme mit einem bestimmten Wort? Suche dir vier weitere, schau sie dir fünf Minuten an und versuche dann, sie zu vergessen. Weil man sich alles merkt, was man unbedingt vergessen will, bleibt es garantiert im Gedächtnis.

Spickzettel: Schreibe Wörter, deren Schreibweise du ständig vergisst, auf einen kleinen Zettel und lies ihn dir immer wieder mal durch. Aber wirf den Zettel weg, bevor das Diktat beginnt!

Lernplakat: Fertige für Merkwörter mit ihren Wortfamilien ein Lernplakat an. Schreibe dazu das Merkwort in die Mitte und gruppiere verwandte Wörter darum herum.

Reime: Erfinde Reime und lustige Sprüche mit Merkwörtern und lerne sie auswendig.

Schreiben, schreiben, schreiben: Je mehr du schreibst, desto sicherer wirst du in der Rechtschreibung. Deshalb übe so viel wie möglich: Einkaufszettel, E-Mails, Gedichte, Briefe ... Übrigens: Wer viel liest, tut ganz nebenbei etwas für seine Rechtschreibung!

7 Nachschlagen in einem Wörterbuch

7.1 Wo schlage ich was nach?

Wenn du nicht weißt, wie ein Wort geschrieben wird, schaue in einem Wörterbuch nach. Ein Rechtschreibwörterbuch und ein Fremdsprachenwörterbuch sollten immer griffbereit an deinem Schreibtisch stehen, damit du im Zweifelsfall schnell nachschlagen kannst.

Rechtschreibwörterbuch

Ein Rechtschreibwörterbuch, wie zum Beispiel der Band „Duden – Die deutsche Rechtschreibung“, enthält gleich mehrere Informationen:

- Du findest natürlich die richtige Schreibweise.
- Senkrechte Trennstriche zeigen an, wo du das Wort trennen kannst.

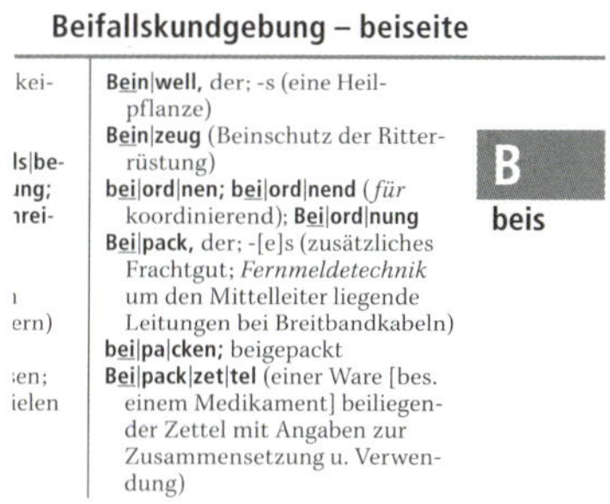
Beifallskundgebung – beiseite

Bein|well, der; -s (eine Heilpflanze)
Bein|zeug (Beinschutz der Ritterrüstung)
bei|ord|nen; bei|ord|nend (*für* koordinierend); **Bei|ord|nung**
Bei|pack, der; -[e]s (zusätzliches Frachtgut; *Fernmeldetechnik* um den Mittelleiter liegende Leitungen bei Breitbandkabeln)
bei|pa|cken; beigepackt
Bei|pack|zet|tel (einer Ware [bes. einem Medikament] beiliegender Zettel mit Angaben zur Zusammensetzung u. Verwendung)

B
beis

Hinter dem gesuchten Wort findest du

- bei Fremdwörtern in eckigen Klammern eine Angabe zur Aussprache (Lautschrift),
- den Artikel eines (nicht zusammengesetzten) Substantivs,
- seinen Genitiv Singular
- und seine Pluralendung;
- bei unregelmäßigen Verben Angaben zur Konjunktion und zu den Zeiten.

Außerdem findest du in einem separaten Teil Regeln zur Rechtschreibung und Zeichensetzung, etwa zur Zusammen- und Getrenntschreibung oder zur Groß- und Kleinschreibung.

Fremdwörterbuch

Wenn du wissen willst, was ein Fremdwort bedeutet, schaust du am besten in einem Fremdwörterbuch nach.

EXTRA

7.2 Richtig arbeiten mit dem Wörterbuch

Ein Wörterbuch ist **alphabetisch** geordnet. Das **Buchstabenregister** an der Seite ist auch von außen gut sichtbar, sodass du schnell den gesuchten Buchstaben findest.
Auf jeder Doppelseite stehen links und rechts oben die **Leitwörter.** Sie zeigen dir an, welche Wörter auf diesen Seiten zu finden sind. Wenn das von dir gesuchte Wort im Alphabet zwischen diesen beiden Wörtern steht, kannst du es hier finden.

adeln – Adriane

A
adel

adeln; ich ad[e]le
Adels|brief; Adels|fa|mi|lie; Adels|ge|schlecht; Adels|haus; Adels|prä|di|kat
Ade|lung
Aden (Hafenstadt in Jemen)
Ade|nau|er (erster deutscher Bundeskanzler)
Ade|nom, das; -s, -e ‹griech.› (*Med.* Drüsengeschwulst); **ade|no|ma|tös**
Ad|ept, der; -en, -en ‹lat.› (*früher für* [als Schüler] in eine Geheimlehre Eingeweihter)
Ader, die; -, -n
Äder|chen
ade|rig, äde|rig, ad|rig, äd|rig
Ader|lass, der; -es, ...lässe
Äder|lein
ädern; ich ädere; **Äde|rung**
à deux mains [a ˈdøː ˈmɛ̃ː] ‹franz.› (*Klavierspiel* mit zwei Händen)
ADFC, der; -[s] = Allgemeiner Deutscher Fahrrad-Club
ad|hä|rent ‹lat.› (*fachspr. für* anhaftend)
Ad|hä|si|on, die; -, -en (*fachspr. für*

Schlägst du ein Wort im Wörterbuch nach, musst du nach seiner einfachsten Form suchen:

- Verben stehen in der Grundform,
- Adjektive in der Grundstufe und
- Substantive im Nominativ Singular.

Wenn du ein zusammengesetztes Wort einmal nicht findest, musst du es in seine Einzelteile zerlegen und diese nachschlagen.
Findest du ein Wort nicht direkt, kann das daran liegen, dass du bei einem Wort mit schwierigem Anlaut unter dem falschen Anfangsbuchstaben nachgeschlagen hast: Pharao findest du unter P, nicht unter F, Clown unter C, nicht unter K, und Vase unter V und nicht unter W.

Auf manchen Seiten sind farbige **Infokästen** abgebildet. Sie enthalten die Regeln zu besonders schwierigen Fällen. Wenn du beispielsweise eine Regel zur Schreibung von Zahlen oder Wochentagen suchst, musst du unter der Zahl oder dem Wochentag nachschlagen, die als Erstes im Alphabet vorkommen. Du willst zum Beispiel wissen, ob man Freitag abend oder Freitagabend schreibt? Dann schaue unter Dienstag nach.

Arles [arl] (franz. Stadt am Rhonedelta)

arm
är|mer, ärms|te
- wir armen Kinder; *aber* wir Armen
- Arm und Reich (*veraltet für* jedermann)
- ein Konflikt zwischen Arm und Reich (armen u. reichen Menschen); Arme und Reiche, bei Armen und Reichen, der Arme und der Reiche
- arme Ritter (eine Süßspeise) ↑K89

Vgl. arm machen, armmachen

Arm, der; -[e]s, -e; ein Armvoll *od.* Arm voll Reisig

EXTRA